Männer aktiv

Für mehr Freude und Abwechslung in der Betreuung und Pflege von Männern

Männer aktiv

Lieblingsthemen zum Erinnern und Erzählen
für die Altenpflege / Kurzaktivierung

Bibliografische Information der Deutschen Nationalbibliothek:
Die Deutsche Nationalbibliothek verzeichnet diese Publikation in der Deutschen Nationalbibliografie; detaillierte bibliografische Daten sind im Internet über http://dnb.d-nb.de abrufbar.

Männer aktiv
Lieblingsthemen zum Erinnern und Erzählen
für die Altenpflege / Kurzaktivierung
Copyright 2018 Anja Stroot, Autorin
http://anjastroot.jimdo.com
Alle Rechte vorbehalten
Lektorat: Kerstin Neef
Herstellung und Verlag: BoD - Books on Demand GmbH, Norderstedt
ISBN 9783746068732

Bildquelle: Fotolia.com und Anja Stroot, Autorin
Covermotiv: ©ohmega1982 / Fotolia.com
S. 8: ©Viliam / Fotolia.com, S. 10: ©alexkich / Fotolia.com,
S. 12: ©103tnn / Fotolia.com, S. 14: ©Robert Kenschke / Fotolia.com,
S. 16: ©deagreez / Fotolia.com, S. 18: ©EpicStockMedia / Fotolia.com,
S. 20: ©Aneese / Fotolia.com, S. 22: ©Photozi / Fotolia.com,
S. 24: ©EleSi / Fotolia.com, S. 26: ©Amelia / Fotolia.com,
S. 28: ©biker3 / Fotolia.com, S. 30: ©sushytska / Fotolia.com,
S. 32: ©goodluz / Fotolia.com, S. 36: ©hurricanehank / Fotolia.com,
S. 38: ©master1305 / Fotolia.com, S. 40: ©ARochau / Fotolia.com,
S. 46: ©Martin Carlsson / Fotolia.com, S. 48: ©www.karrastock.com / Fotolia.com, S. 50: ©Alexandra Bonin / Fotolia.com,
S. 52: ©ajlatan / Fotolia.com, S. 54: ©Gina Sanders / Fotolia.com,
S. 56: ©fd-styles / Fotolia.com, S. 60: ©armina / Fotolia.com,
S. 62: ©petejau / Fotolia.com

Bilder S. 34, 42, 44, 58: ©2018 Anja Stroot, Autorin

Inhaltsverzeichnis

Thema	Seite
Anwendungshinweise	6
Wichtiger Hinweis zur Sicherheit	7
Eisenbahn	8
Rasenmäher	10
Fußball	12
Krawatte binden	14
Heimwerken	16
Golf / Minigolf spielen	18
Auto	20
Angeln	22
Baumschnitt	24
Holz hacken	26
Boot / Schiff fahren	28
Brettspiele / Schach spielen	30
Fahrrad fahren	32
Musizieren	34
Schallplatten / Kassetten	36
Bier	38
Wintersport	40
Spaziergang mit Hund	42
Berge erklimmen / wandern	44
Gesichtsrasur / Bärte	46
Karten spielen / rauchen	48
Bogenschießen / Wurfspiele	50
Gartenarbeit	52
Hausbau	54
Briefmarken / Münzen sammeln	56
Grillen	58
Traumfrau	60
Camping / Zelten / Wohnwagen	62

Anwendungshinweise

Beginnen Sie zur Einstimmung auf das Thema mit dem kurzen *Reim*, bei dem Sie jeweils das/die fettgedruckte/n Wort/Wörter erraten lassen.
   Über die liebevoll ausgewählten *Bilder* finden Sie anschließend leicht einen Einstieg ins Gespräch. Lassen Sie zunächst das Bild beschreiben.
   Anhand der *Gesprächsimpulse* können Sie dann das Gespräch weiter vertiefen. Hierdurch werden Erinnerungen aufgefrischt und das Gedächtnis trainiert. Suchen Sie für Ihr Gegenüber die jeweils passenden Fragen heraus.

Mit neuen *Aktivierungsideen* laden Sie die Männer ein, selbst aktiv zu werden. Neben dem Gedächtnistraining fördern diese die Motorik, trainieren die Bewegung und sprechen die Sinne an.
   Lied- und Gedichttexte zu den Themen finden Sie im Internet. Hier bieten sich auch gelegentlich Hörversionen an, die Sie instrumental oder durch Gesang wunderbar begleiten können. Themenbezogene Bilderbücher oder ein Liederbuch mit Volksliedern finden Sie in einer Bücherei. Erforderliche *Gegenstände für die Aktivierung* bringen Sie bitte im Vorfeld mit. Eine Auswahl wird auf jeder Textseite separat genannt. Wählen Sie hiervon jeweils nur die Dinge aus, die für Sie problemlos verfügbar sind und die Ihnen für Ihr Gegenüber geeignet erscheinen.

Wichtiger Hinweis zur Sicherheit

Lassen Sie die Gegenstände, an denen sich der Betreute verletzen könnte, nicht unbeaufsichtigt und nehmen Sie diese anschließend unbedingt wieder mit.

Bevor Sie mit dem Buch arbeiten, prüfen Sie bitte sehr genau, welche Themen sich für den Betreuten und seine individuelle gesundheitliche Situation eignen. Beachten Sie auch, dass die Wahrnehmung Ihres Gegenübers ggf. verändert sein kann. Einige Bilder / Fragen können sehr starke Emotionen hervorrufen. Bedenken Sie dieses bei der Themenauswahl und wägen Sie daher im Vorfeld verantwortungsvoll ab, welche Themen und Aktivierungsideen für welche Person geeignet erscheinen.

   Beachten Sie, dass einige Anregungen nur bei medizinischer Unbedenklichkeit durchgeführt werden dürfen. Insbesondere, wenn es sich um den Verzehr von Lebensmitteln oder Getränken handelt, müssen die Diätvorgaben unbedingt berücksichtigt werden.

   Die Autorin und der Verlag haften nicht für etwaige Personen- oder Sachschäden. Die Arbeit mit diesem Buch erfolgt ausschließlich in eigener Verantwortung des Anwenders.

Ich wünsche Ihnen viel Freude mit diesem Buch.

Anja Stroot

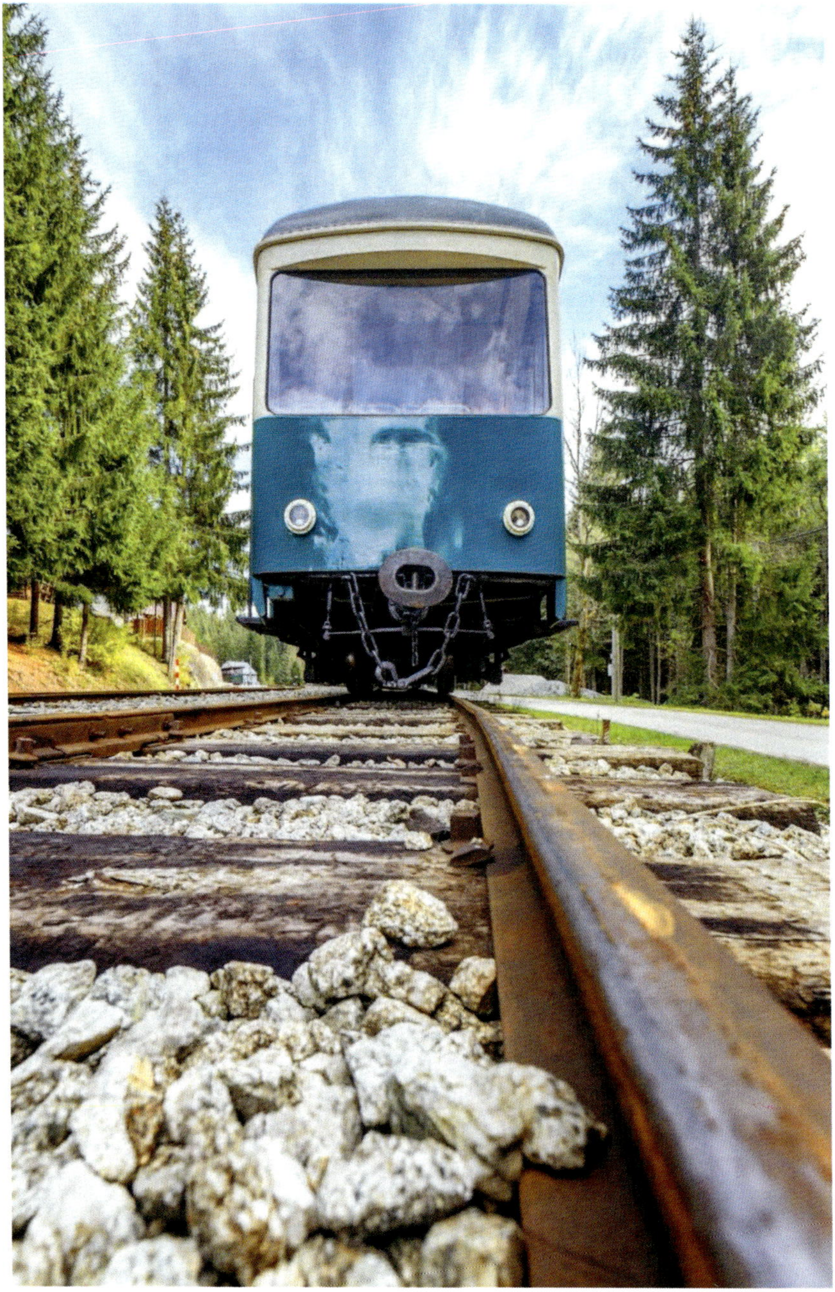

Eisenbahn

> Über die Schienen, im Affenzahn,
> fahren die Lok und die ... **Eisenbahn**.
> (Straßenbahn und Eisenbahn fahren auf ... **Schienen**.)

Gesprächsimpulse
> Wann sind Sie zuletzt mit einer Eisenbahn gefahren?
> Zu welchen Gelegenheiten sind Sie mit der Bahn gefahren?
> An welchem Bahnhof sind Sie in den Zug gestiegen?
> Können Sie sich an ein schönes Erlebnis im Zug erinnern? Erzählen Sie!
> Mögen Sie Modelleisenbahnen? Haben Sie vielleicht sogar selbst eine besessen?
> Welches Verkehrsmittel bevorzugen Sie zum Reisen?

Ideen zur Aktivierung
> Betrachten Sie gemeinsam Bücher, Bilder und Postkarten, auf denen Eisenbahnen abgebildet sind.
> Reichen Sie Teile einer Modelleisenbahn herum. Lassen Sie diese anfassen und beschreiben. Vielleicht können Sie auch zusammen eine Modelleisenbahn aufstellen?
> Lesen Sie gemeinsam ein Gedicht über die Eisenbahn. Von welchem Autor ist es? Wo reimt es sich?
> Lassen Sie weitere Verkehrsmittel aufzählen.

Für die Aktivierung bitte mitbringen: Bücher, Bilder und Postkarten mit Zügen, Teile einer Modelleisenbahn (oder Spielzeugeisenbahn), Gedichttext

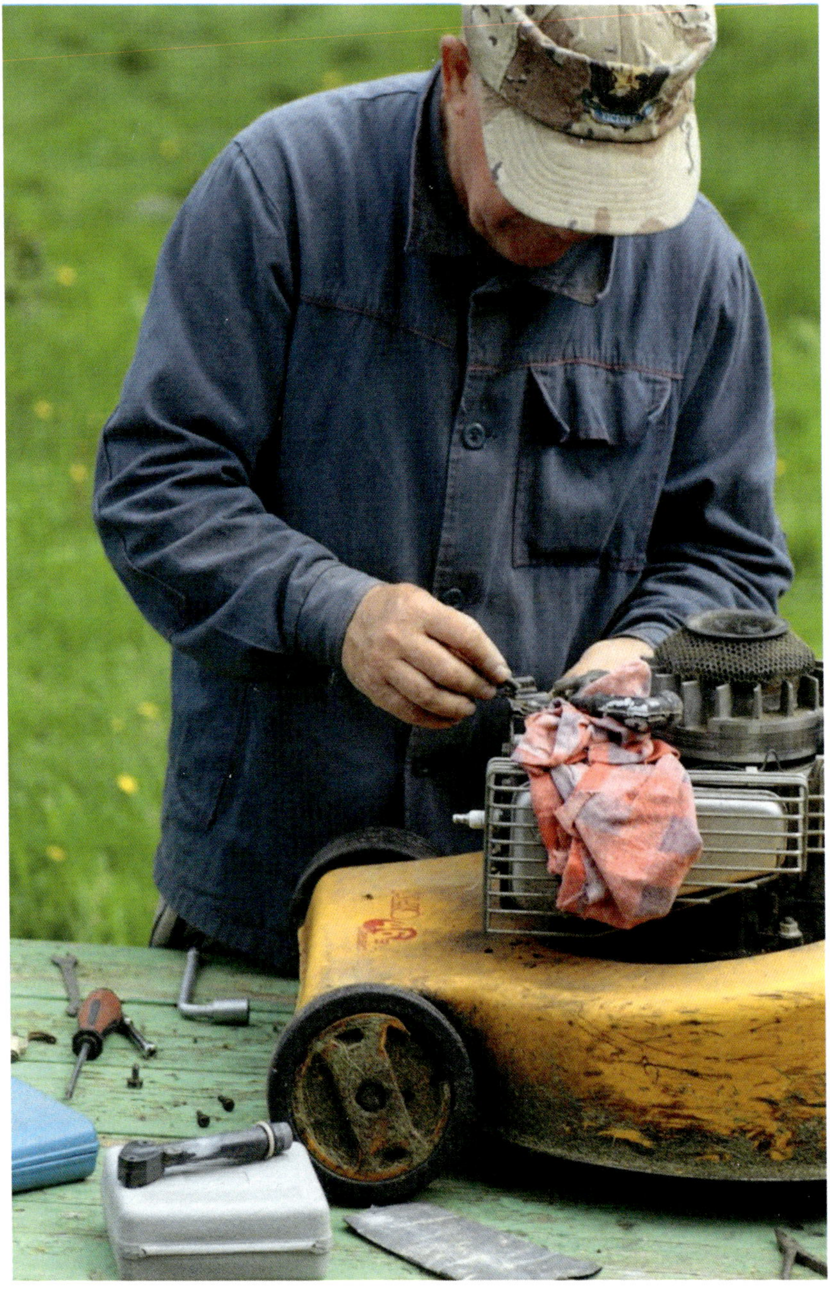

Rasenmäher

> Alles beginnt mit dem Sähen,
> wenn er wächst, muss man ihn ... **mähen**.
> (Was muss man mähen? ... **Den Rasen**)

Gesprächsimpulse
> Wie haben Sie früher den Rasen gemäht?
> Wie sah Ihr erster Rasenmäher aus?
> Wer hat den Rasenmäher repariert, wenn er kaputt war?
> Welches Werkzeug benötigt man für die Reparatur?
> Bei welchem Wetter sollte man den Rasen mähen?
> Was halten Sie von Aufsitzmähern?
> Wofür haben Sie eine Sense benutzt?
> Wie wurde die Sense geschärft?

Ideen zur Aktivierung
> Betrachten Sie gemeinsam Prospekte von Rasenmähern. Sprechen Sie darüber, was gefällt und welches Gerät empfehlenswert ist.
> Lassen Sie einen Bubikopf in Form bringen. Überlegen Sie vorab gemeinsam, wie er geschnitten werden soll. Helfen Sie ggf. dabei mit.
> Schauen Sie sich gemeinsam im Internet Aufnahmen / Filme von Rasenmähern an. Welcher gefällt?

Für die Aktivierung bitte mitbringen: Prospekte von Rasenmähern z. B. Aufsitzmäher, Handmäher, Mähroboter; Bubikopf, Schere, Laptop

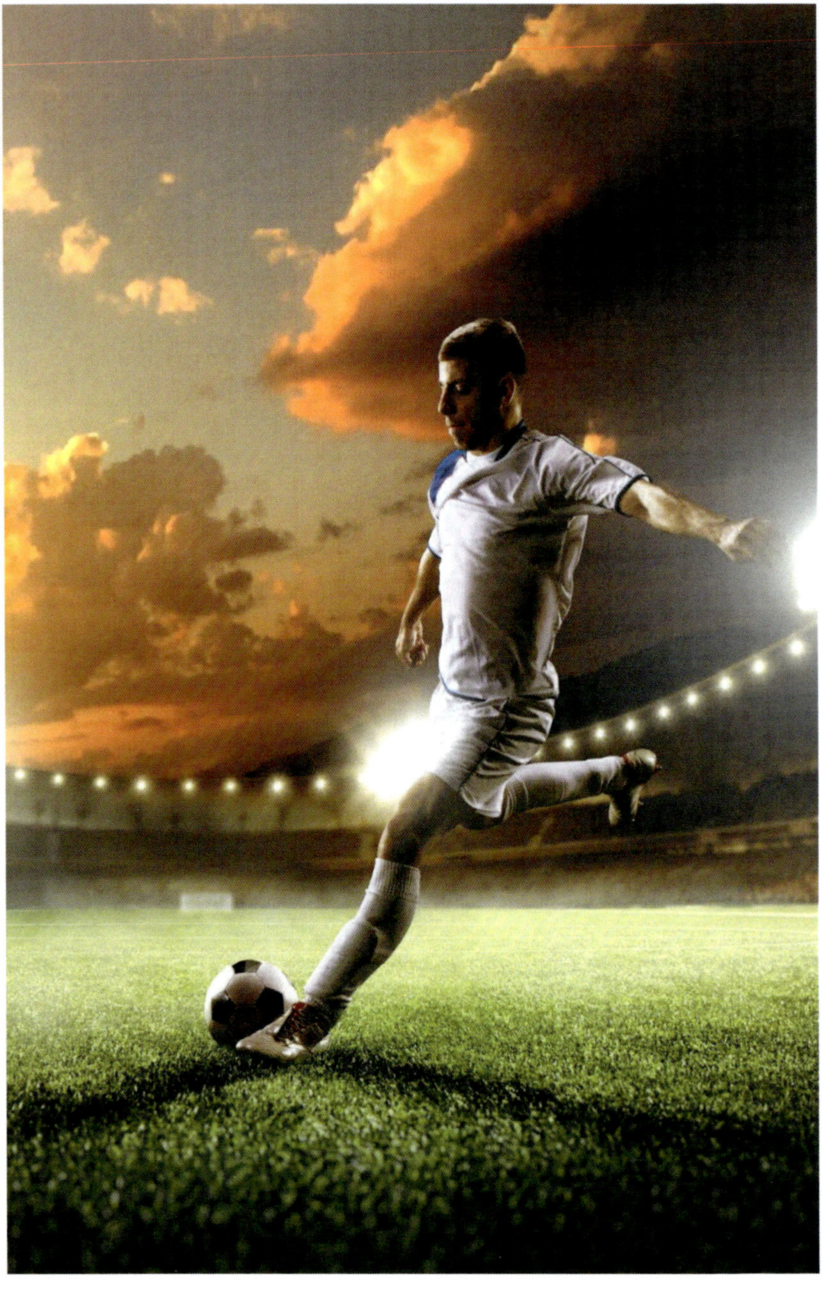

Fußball

Der Stürmer stürmt vor,
schießt den Ball ins ... **Tor.**
(Um welche Sportart handelt es sich? ... **Fußball**)

Gesprächsimpulse
> In welchem Verein haben Sie früher Fußball gespielt?
> Wie sah Ihr erstes Fußball-Trikot aus?
> Für welche Fußballmannschaft begeistern Sie sich und warum?
> Welche Dinge benötigt ein Fußballer?
> Aus welchem Material sollte ein Fußball sein?
> Wie sind die Spielregeln beim Fußball?
> Schauen Sie sich gerne Fußballspiele im Fernsehen an?
> In welchen Fußballstadien sind Sie schon selbst gewesen?
> Wie heißt Ihr Lieblingsfußballer?

Ideen zur Aktivierung
> Betrachten Sie gemeinsam Fußballbilder oder ein Fußballbuch. Sprechen Sie über die Spieler, den Verein, die Bekleidung usw. Lassen Sie die Bilder beschreiben.
> Schießen oder rollen Sie sich gegenseitig einen Fußball zu. Dieses kann im Stehen oder auch im Sitzen erfolgen.
> Spielen Sie zusammen eine Runde Tischkicker.

Für die Aktivierung bitte mitbringen: Fußballbilder, Fußballbuch, Fußball, Tischkicker

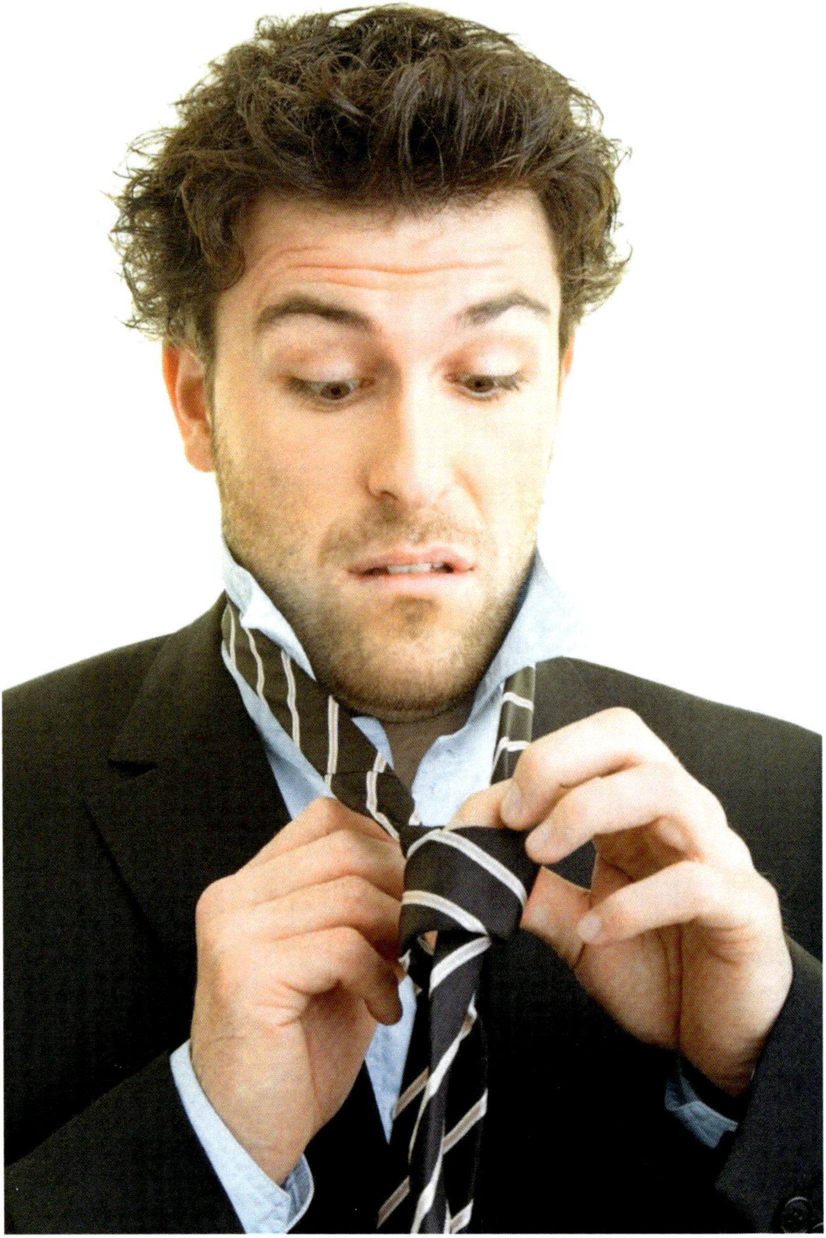

Krawatte binden

> Die schönste, die ich je hatte,
> war meine blaue ... **Krawatte**.
> (Viele Männer tragen sie zum Anzug.
> Die ... **Krawatte oder Fliege**)

Gesprächsimpulse
> Wer hat Ihnen gezeigt, wie man eine Krawatte bindet?
> Welche Krawattenknoten kennen Sie?
> Wie sieht Ihre Lieblingskrawatte aus?
> Zu welchen Gelegenheiten tragen Sie eine Krawatte, Fliege oder Manschettenknöpfe?

Ideen zur Aktivierung
> Reichen Sie eine Krawatte zum Binden herum. Legen Sie vorsichtshalber eine Anleitung daneben. Unterstützen Sie ggf.
> Geben Sie eine Fliege und Manschettenknöpfe zum Anfassen und Anprobieren herum. Legen Sie ein Oberhemd auf den Tisch. Lassen Sie die Manschettenknöpfe anlegen sowie die Krawatte und/oder die Fliege richtig um den Kragen herumlegen.
> Reichen Sie verschiedene Krawatten herum. Sprechen Sie über das Material, das Design und darüber, wie sich die Krawattenmode im Laufe der Jahre geändert hat.

Für die Aktivierung bitte mitbringen: Krawatten, Fliege, Manschettenknöpfe, Anleitung zum Binden verschiedener Krawattenknoten, Oberhemd

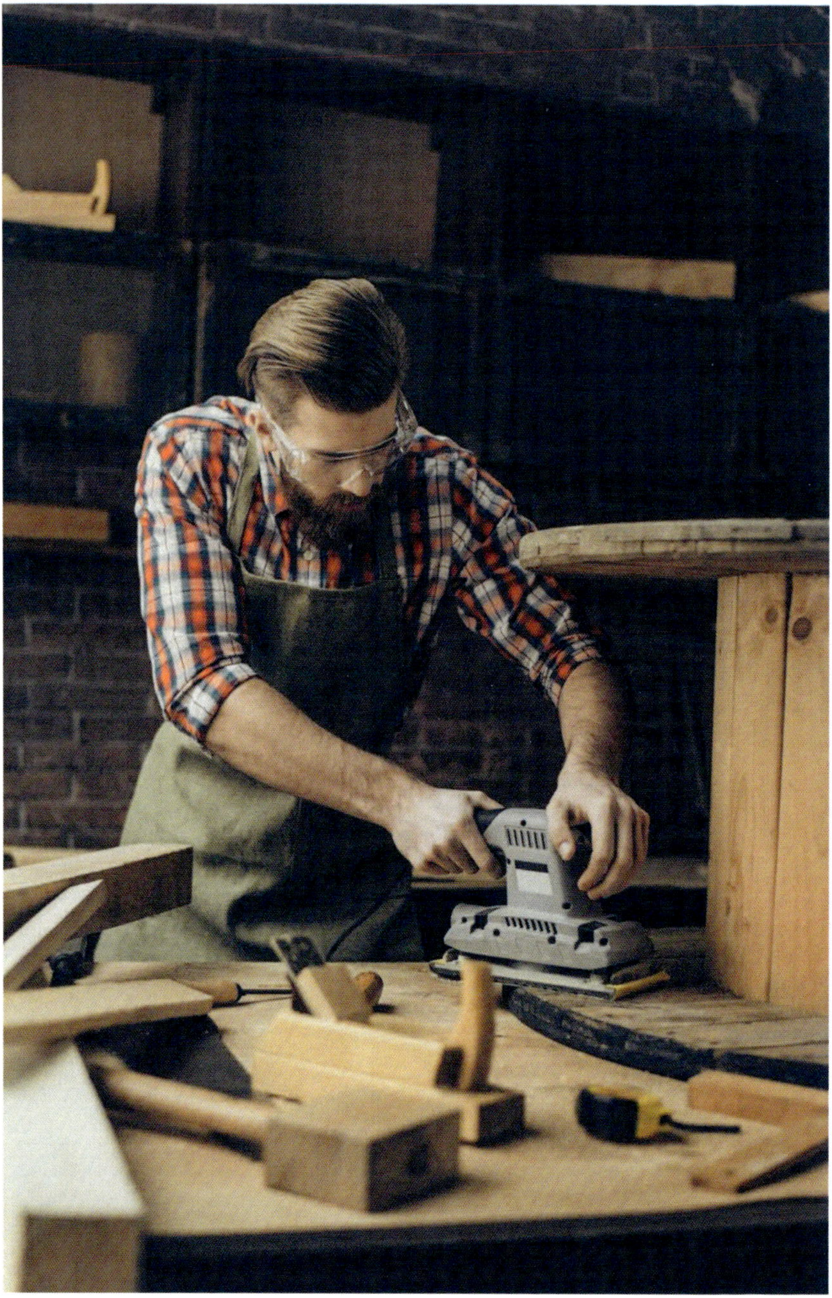

Heimwerken

> Was man mit Werkzeug machen kann,
> das weiß der handwerkliche ... **Mann**.
> (Um welches Hobby geht es? ... **Heimwerken**)

Gesprächsimpulse
> Welche Dinge haben Sie selbst gebaut?
> Wie sah Ihre Werkbank aus?
> Welches Werkzeug haben Sie oft benutzt?
> Wie sah Ihr erstes Taschenmesser aus und von wem haben Sie es bekommen?
> Mit welchem Material haben Sie am liebsten gearbeitet?
> Welche Dinge konnten Sie selbst reparieren?

Ideen zur Aktivierung
> Lassen Sie Sprichwörter und Lieder zum Thema Handwerk suchen.
> Lassen Sie Werkzeuge aufzählen, die in einer vernünftigen Werkbank vorhanden sein sollten.
> Reichen Sie verschiedene Schrauben und Muttern herum. Lassen Sie die jeweils passende Mutter heraussuchen und aufschrauben.
> Sehen Sie sich gemeinsam eine Heimwerkerzeitung an. Welche Werkzeuge sind bekannt?

Für die Aktivierung bitte mitbringen: Dicke Schrauben mit Muttern (verschiedene Varianten aus Holz und Metall), Liedtexte, Sprichwörter, Heimwerkerzeitung

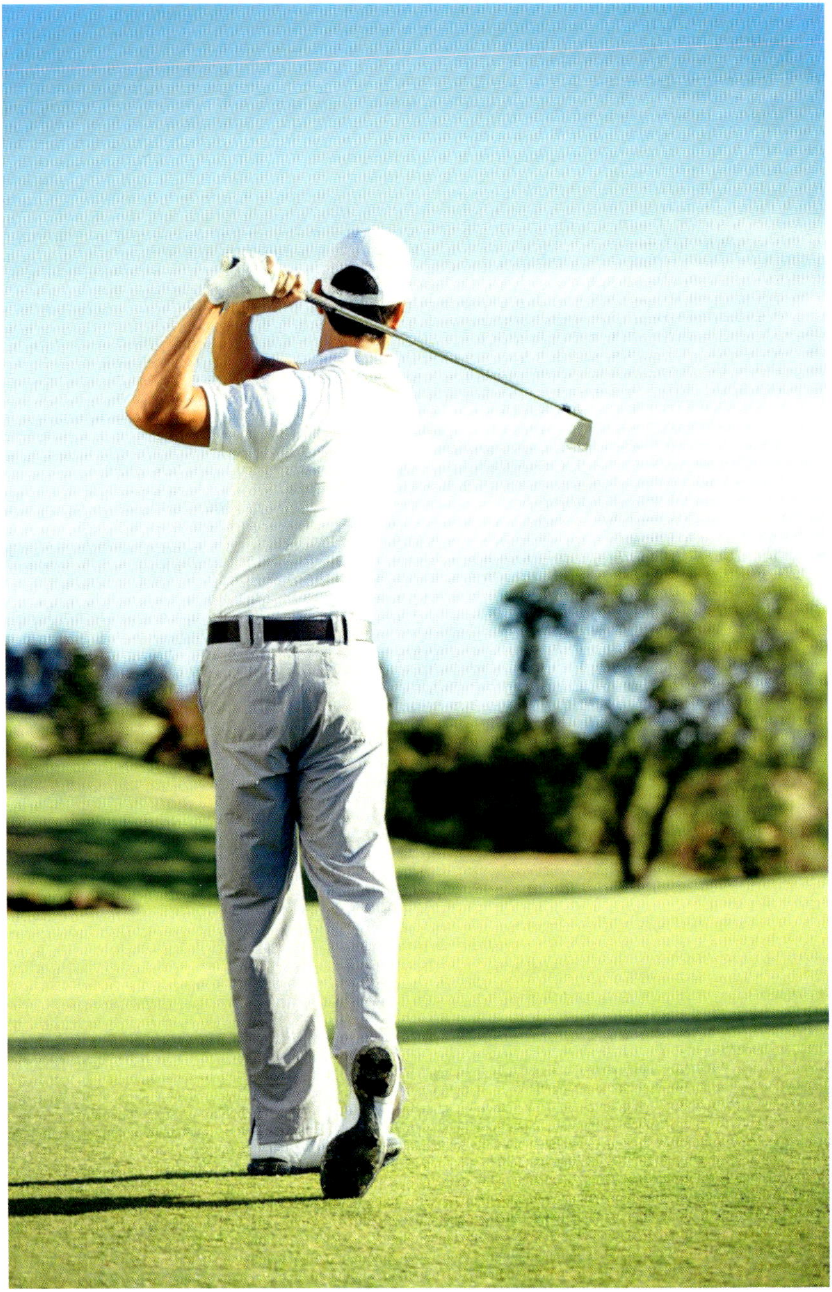

Golf / Minigolf spielen

Auch wenn der Ball nur langsam kroch,
er rollte doch ins richtige ... **Loch**.
(Um welche Sportart geht es? ... **Golf / Minigolf**)

Gesprächsimpulse
> Auf welchem Golfplatz haben Sie schon einmal Golf oder Minigolf gespielt?
> Was davon spielen Sie lieber?
> Wie sind die Spielregeln beim Golf bzw. beim Minigolf?
> Welche Dinge benötigt man zum Golf spielen?
> Was sagt das Handicap beim Golf aus?

Ideen zur Aktivierung
> Spielen Sie zusammen eine Runde Minigolf mit dem mitgebrachten Spieleset.
> Besuchen Sie gemeinsam eine Minigolfanlage.
> Betrachten Sie zusammen ein Prospekt mit Golfzubehör. Was davon weckt Interesse?
> Rollen Sie Ihrem Gegenüber einen kleinen Ball über den Tisch hinweg zu. Ihr Partner versucht, ihn mit den Händen zu ergreifen und rollt ihn dann zurück.
> Stellen Sie einen Eimer auf und versuchen Sie abwechselnd, einen Softball hineinzuwerfen.
> Spielen Sie zusammen eine Runde Boule.

Für die Aktivierung bitte mitbringen: Minigolfspiel, Golf-/Tischtennisball, Softball, Eimer, Prospekt mit Golfzubehör, Boule-Spiel

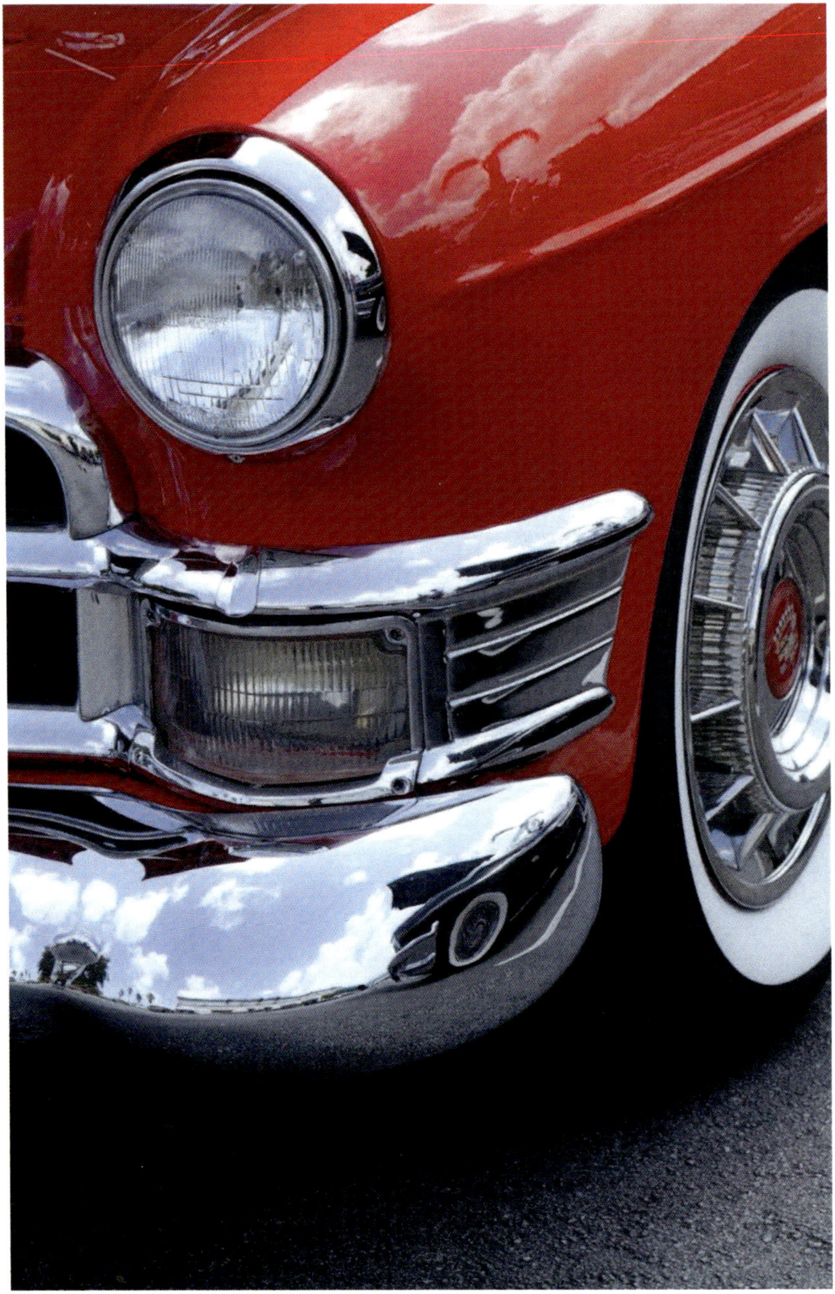

Auto

> Vier Räder, Motor, Blech, Lack und Chrom,
> nur selten fährt es ganz ohne ... **Strom**.
> (Um welches Fahrzeug handelt es sich? ... **Auto**)

Gesprächsimpulse
> Wie sah Ihr erstes Auto aus und wie viel hat es gekostet?
> Welche Automarken sind Sie gefahren?
> Wer hat Ihr Auto repariert?
> Welches war die weiteste Strecke, die Sie mit Ihrem Auto gefahren sind?
> Wo haben Sie Ihren Führerschein gemacht?
> Welche Orte haben Sie mit dem Auto bereist?

Ideen zur Aktivierung
> Sehen Sie sich gemeinsam ein Buch über Autos oder eine Autozeitschrift an. Welches Auto wird erkannt und welches gefällt?
> Rollen Sie sich abwechselnd verschiedene Modellautos zu. Lassen Sie die Autos betrachten und beschreiben.
> Spielen Sie ein Automarken-Quiz. Nennen Sie einen beliebigen Buchstaben und finden Sie gemeinsam eine Automarke, die mit diesem Buchstaben beginnt.
> Bauen Sie zusammen eine elektrische Autorennbahn auf. Lassen Sie die Autos darauf fahren.

Für die Aktivierung bitte mitbringen: Autobuch / Autozeitschrift, Modellautos, elektrische Autorennbahn

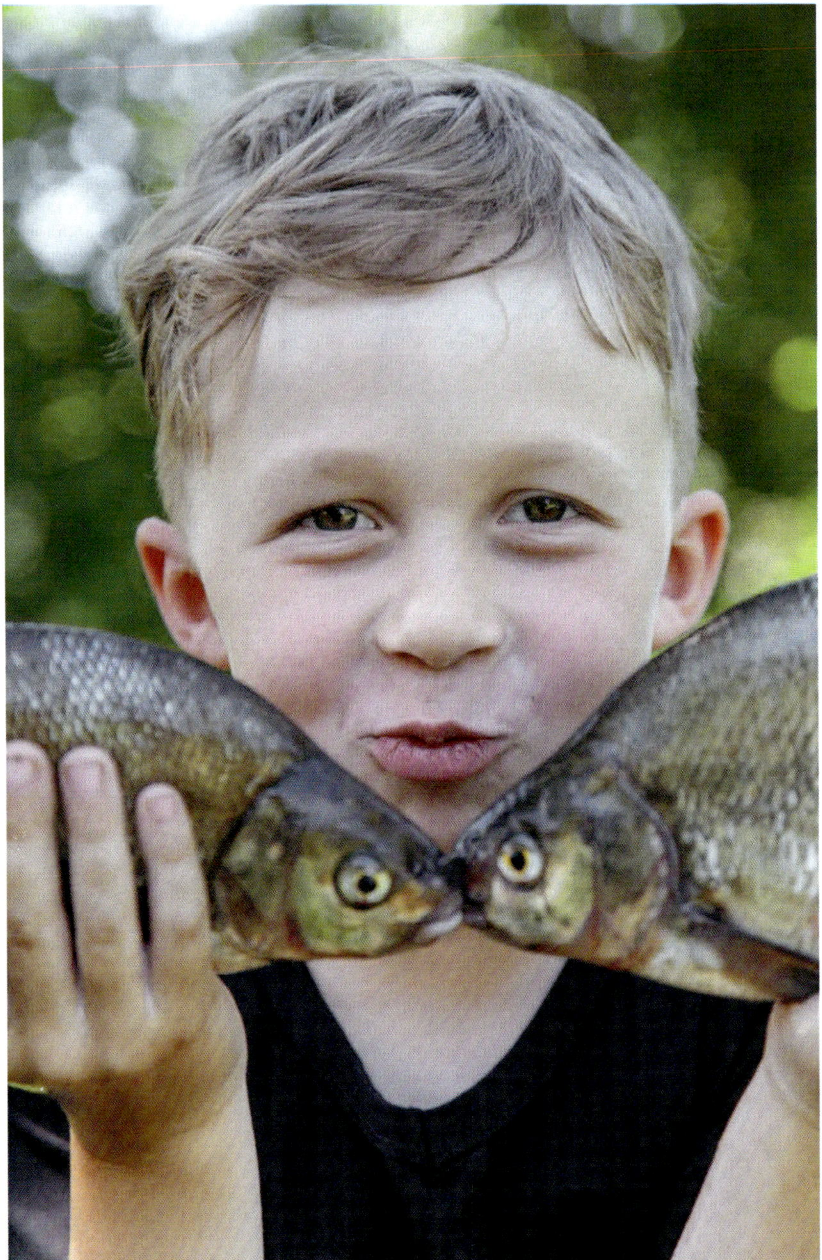

Angeln

> Mit der Hand ins Wasser zu langen,
> reicht nicht um einen Fisch zu ... **fangen**.
> (Den Fischfang mit einer Rute nennt man ... **Angeln**.)

Gesprächsimpulse
> In welchem Gewässer haben Sie schon einmal geangelt?
> Zu welchem Zeitpunkt beißen die Fische am besten?
> Welche Fische haben Sie schon gefangen?
> Welche Köder haben Sie benutzt?
> Welche Fische findet man in welchem Gewässer?
> Welches Zubehör benötigt man zum Angeln?
> Wie wurden die Fische zubereitet?
> Welchen Fisch essen Sie gerne?

Ideen zur Aktivierung
> Betrachten Sie gemeinsam Bilder verschiedener Fische. Können diese benannt werden?
> Lassen Sie Fische aufzählen. Welche Fische gibt es (z. B. Hecht, Karpfen etc.)?
> Spielen Sie gemeinsam ein Angelspiel.
> Bereiten Sie zusammen eine kleine Fischmahlzeit vor.
> Lassen Sie einen Fisch malen.

Für die Aktivierung bitte mitbringen: Bilder verschiedener Fische, Angelspiel (Gesellschaftsspiel), Fisch für gemeinsame Mahlzeit: Räucherfisch mit Brötchen o. ä. (unbedingt Diätvorgaben beachten!), Servietten, Papier, Buntstifte

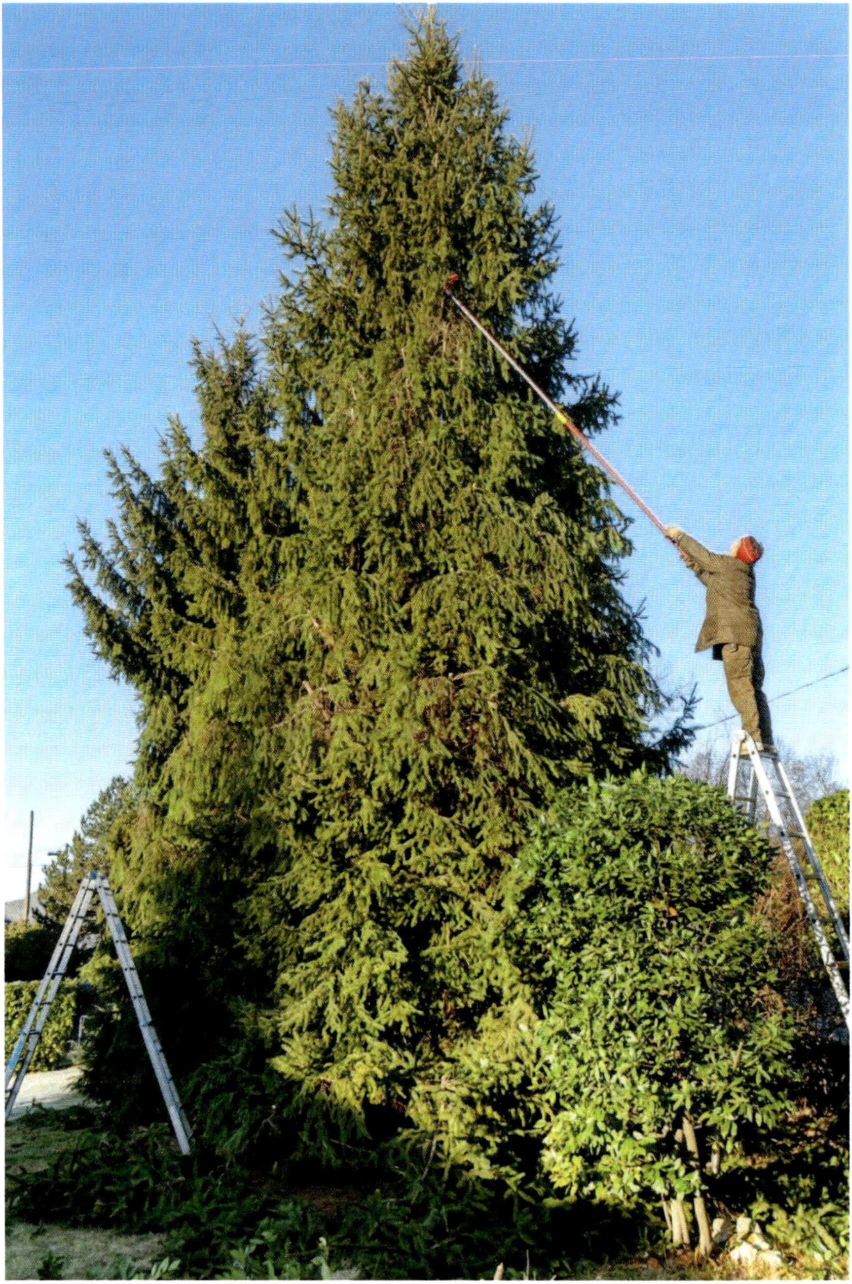

Baumschnitt

> Wird der Baum gepflanzt, ist er noch klein,
> aber bald wird er groß und kräftig … **sein**.
> (Bäume, die zu groß werden, muss man … **beschneiden**.)

Gesprächsimpulse

> Wer hat früher in Ihrem Garten die Bäume beschnitten?
> Wie hätten Sie diesen großen Baum in Form gebracht?
> Welcher Baum wird hier beschnitten?
> Welche Geräte sind dafür erforderlich?
> Für welche Tätigkeiten haben Sie eine Leiter benutzt?

Ideen zur Aktivierung

> Spielen Sie gemeinsam ein Bäume- und Pflanzenquiz. Nennen Sie dazu abwechselnd einen beliebigen Buchstaben. Der andere denkt sich eine Pflanze / einen Baum aus, der mit diesem Buchstaben beginnt.
> Betrachten Sie zusammen einen Gartenkatalog sowie Bilder verschiedener Pflanzen und Bäume. Was gefällt?
> Spielen Sie ein Blätterquiz: Reichen Sie verschiedene Blätter (Laub) herum und fragen Sie, von welchem Baum das jeweilige Blatt stammt.
> Verteilen Sie Kastanien, Bucheckern, Tannenzapfen und Eicheln. Was stammt von welchem Baum?

Für die Aktivierung bitte mitbringen: Gartenkatalog, Buch über Pflanzen / Bäume, Blätter / Laub, Kastanien, Bucheckern, Eicheln, Tannenzapfen, etc.

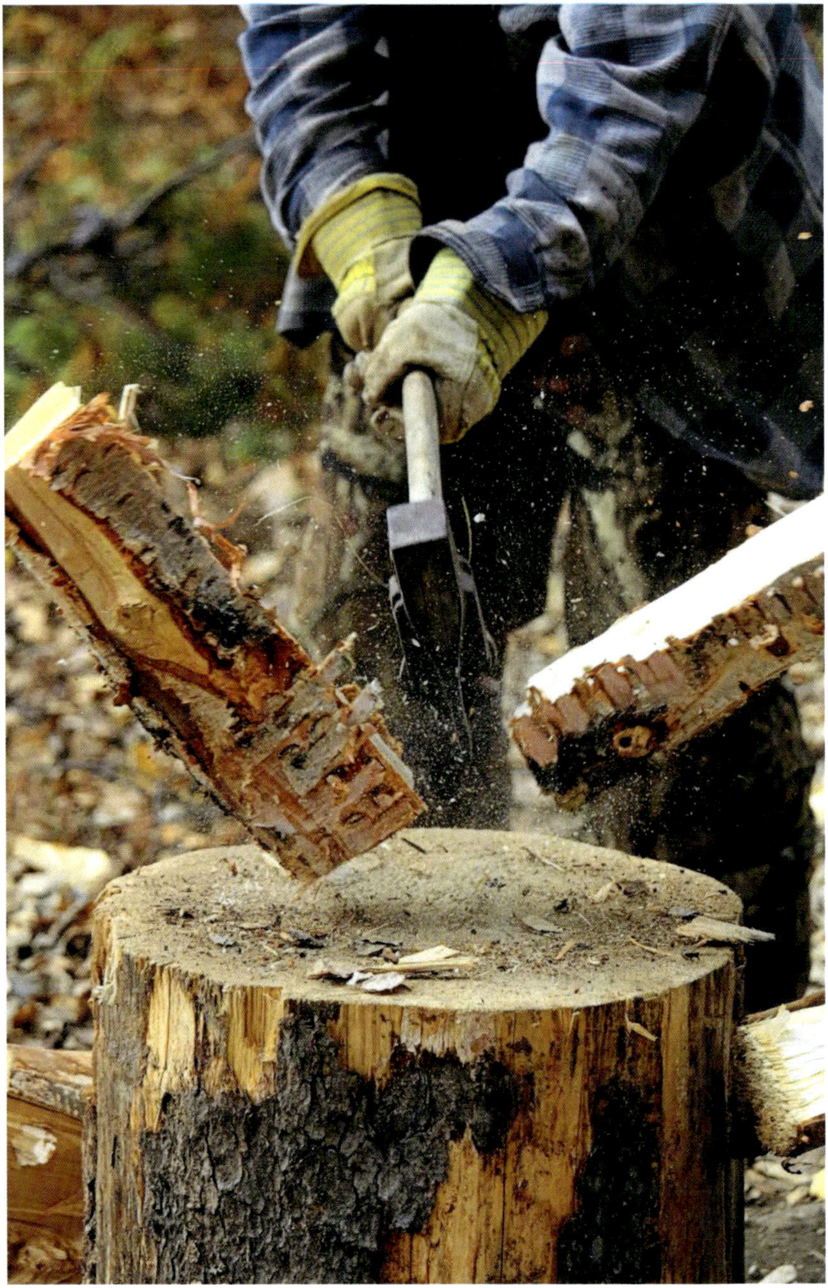

Holz hacken / heizen

> Der dicke Holzklotz fliegt entzwei,
> da war die Axt mit Wucht ... **dabei.**
> (Holz zerkleinern nennt man ... **Holz hacken.**)

Gesprächsimpulse
> Wie haben Sie früher geheizt?
> Wer war fürs Holzhacken zuständig?
> Was gilt es beim Holzhacken zu beachten?
> Woher hatten Sie das Holz?
> Welche Bäume haben Sie selbst gefällt?
> Welches Holz eignet sich (nicht) für den Ofen?
> Welche anderen Möglichkeiten zu heizen kennen Sie?
> Wie sollte man Holz lagern?

Ideen zur Aktivierung
> Stellen Sie eine Rotlichtlampe auf, so dass die Wärme nachempfunden werden kann.
> Reichen Sie ein Stück Holz zum Anfassen und Riechen, ein warmes Körnerkissen zum Fühlen und Wärmen herum.
> Machen Sie es sich gemütlich: Legen Sie eine Kaminfeuer-DVD ein, so dass die Atmosphäre eines echten Kaminfeuers entsteht. Lesen Sie dazu eine Kurzgeschichte vor und reichen Sie Tee und Gebäck.

Für die Aktivierung bitte mitbringen: Rotlichtlampe, Körnerkissen (alternativ Wärmeflasche), Kaminfeuer-DVD (falls ein DVD-Spieler vorhanden ist), Kurzgeschichten, Tassen, Tee und Gebäck (unbedingt Diätvorgaben beachten!), ein Stück Holz

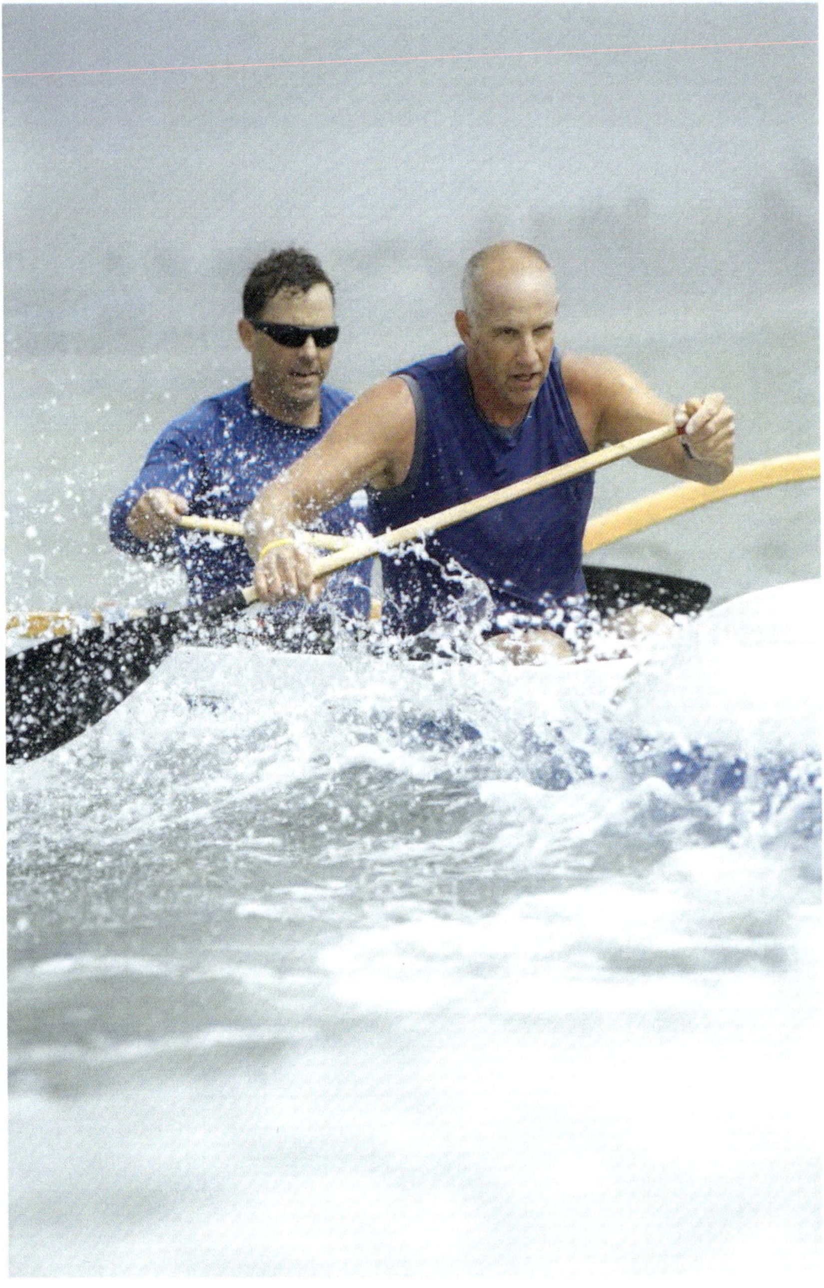

Boot / Schiff fahren

> Fährst du mit einem Schiff,
> halt dich bloß fern vom ... **Riff**.
> (Man fährt damit auf dem Wasser ... **Schiffe / Boote**)

Gesprächsimpulse
> Wann sind Sie das letzte Mal mit einem Boot oder Schiff gefahren?
> Welches war Ihre weiteste Schiffsreise?
> Welche Boote und Schiffe gefallen Ihnen?
> Auf welchem Gewässer sind Sie zuletzt gepaddelt?
> Welche Möglichkeiten kennen Sie noch, um sich auf dem Wasser fortzubewegen?
> Sind Sie schon einmal mit einem Tretboot gefahren?

Ideen zur Aktivierung
> Lassen Sie bekannte Seemannslieder aufzählen.
> Singen Sie gemeinsam Seemannslieder. Falls Sie ein Instrument spielen, können Sie den Gesang begleiten oder das Lied anspielen und den Titel erraten lassen.
> Schauen Sie sich gemeinsam Prospekte mit verschiedenen Booten und Schiffen an. Welches eignet sich für welche Reise oder Aktivität?
> Lassen Sie Wassersportarten aufzählen, die auf oder in dem Wasser ausgetragen werden.

Für die Aktivierung bitte mitbringen: Liederbuch mit Volks- und Kinderliedern (Seemannslieder), ggf. CD oder Instrument, CD-Spieler, Prospekte mit verschiedenen Schiffen und Booten

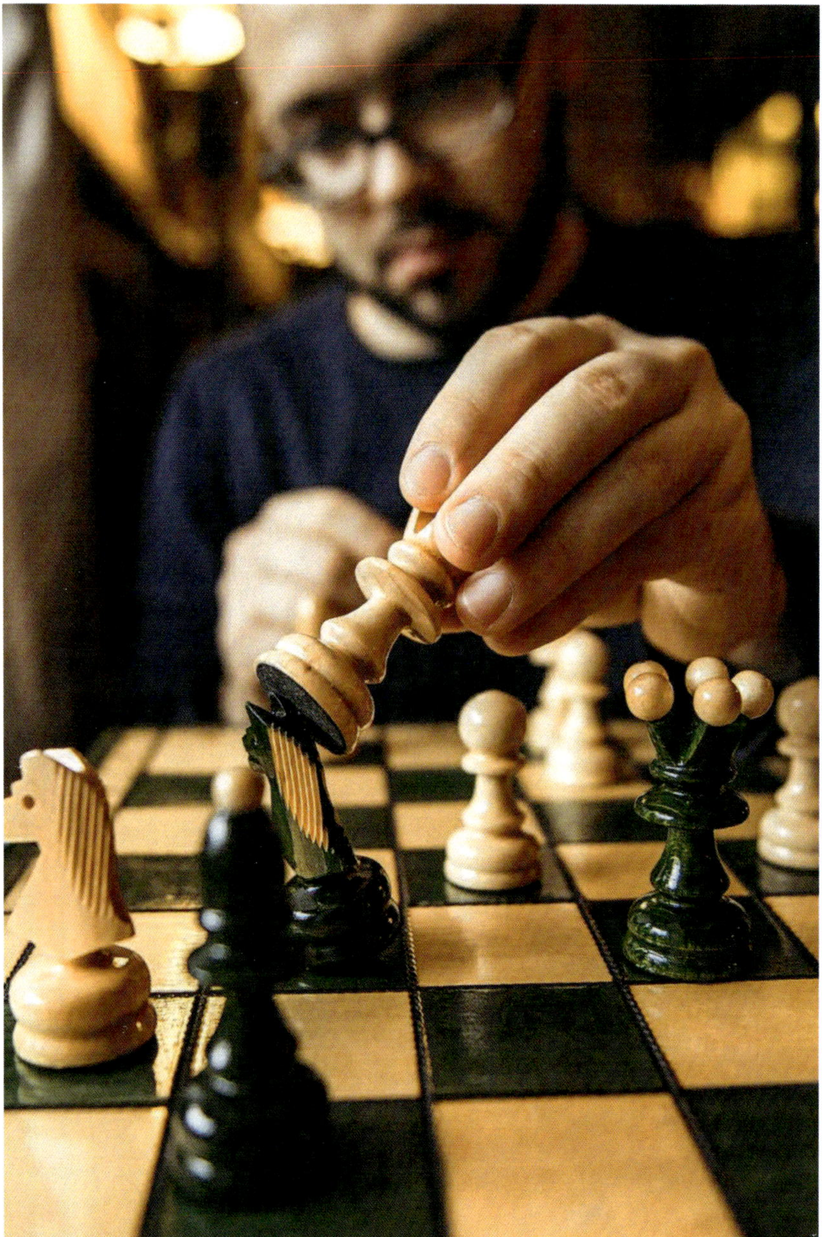

Brettspiele / Schach spielen

Als mein König fiel,
war es verloren, das ... **Spiel**.
(Welches Spiel könnte gemeint sein? ... **Schach**)

Gesprächsimpulse
> Mit wem haben Sie das letzte Mal Schach gespielt?
> Wie sind die Spielregeln beim Schach?
> Welche Brettspiele kennen Sie noch? Zählen Sie auf!
> Welches sind Ihre Lieblingsspiele?
> Welches Spiel würden Sie gerne erlernen?
> Welche Spiele kennen Sie aus Ihrer Kindheit?
> Mit wem haben Sie als Kind gespielt?
> Bevorzugen Sie Glücks- oder Strategiespiele?
Erklären Sie, warum.
> Können Sie gut verlieren?

Ideen zur Aktivierung
> Spielen Sie eine Runde Schach. Lassen Sie
die Figuren benennen und sich das Spiel erklären.
> Zeigen Sie eine Spielesammlung / Brettspiele.
Welches Spiel ist bekannt?
> Veranstalten Sie einen gemütlichen Spielenachmittag.
Lassen Sie ein Brettspiel zum gemeinsamen Spielen
auswählen. Reichen Sie Tee und Gebäck dazu.

Für die Aktivierung bitte mitbringen: Schachspiel, Spielesammlung, Brettspiele, Tassen, Tee und Gebäck (unbedingt Diätvorgaben beachten!)

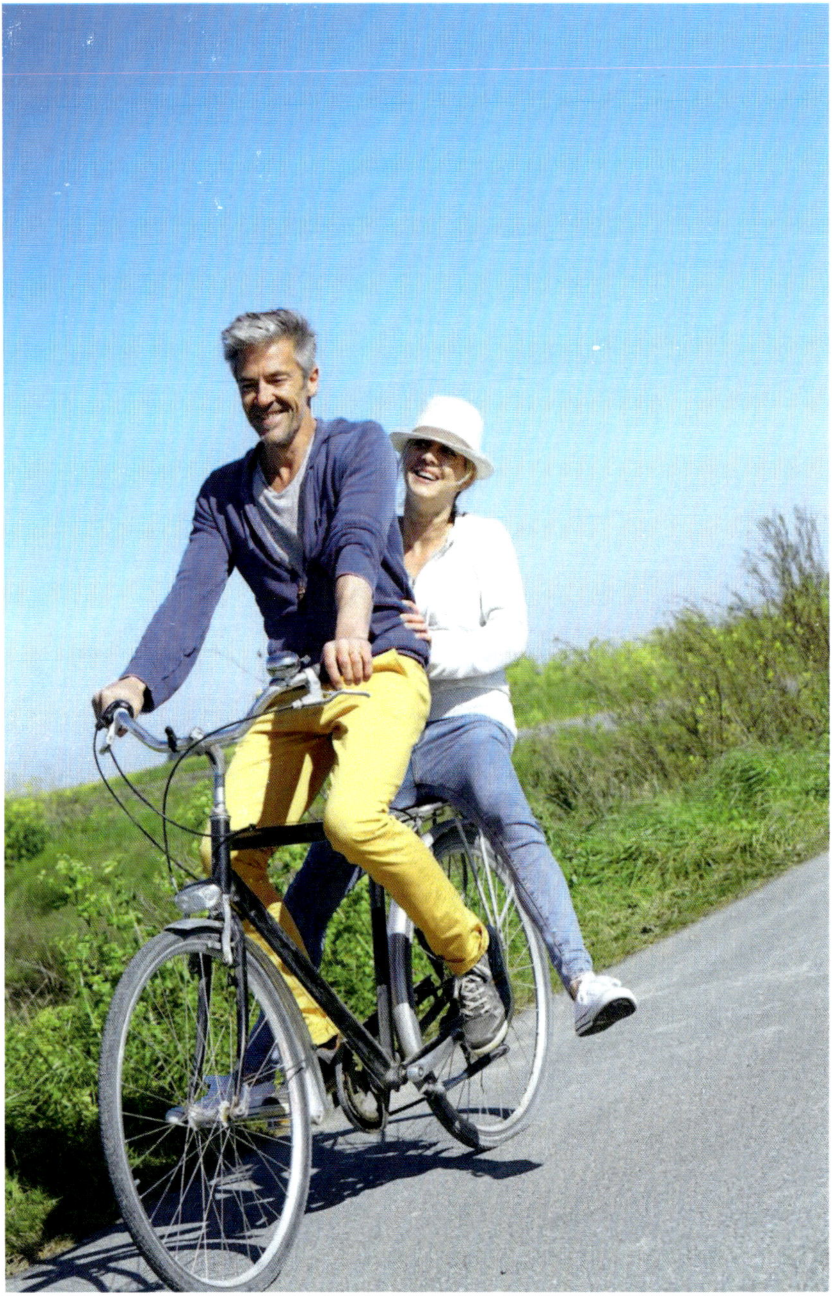

Fahrrad fahren

> Eine schöne Fahrradtour
> schadet niemals der ... **Figur.**
> (Es hat zwei Räder und keinen Motor ... **Fahrrad**)

Gesprächsimpulse
> Wen haben Sie schon einmal auf dem Gepäckträger des Fahrrads mitgenommen?
> Wann sind Sie das letzte Mal zu zweit auf einem Fahrrad gefahren?
> Wie sah Ihr erstes Fahrrad aus?
> Wohin ging Ihre weiteste Radtour?
> Was sollte man auf eine Fahrradtour mitnehmen?
> Was halten Sie von Radrennen?
> Kennen Sie E-Bikes? Wie finden Sie die?

Ideen zur Aktivierung
> Betrachten Sie gemeinsam Prospekte von unterschiedlichen Rädern. Welche Fahrräder gefallen? Sprechen Sie z. B. über die Vor- und Nachteile eines E-Bikes, über Fahrradhelme, Schlösser etc.
> Legen Sie Fahrradzubehör in eine Blindbox (Karton mit Öffnung zum Hineingreifen). Lassen Sie das Zubehör ertasten und erraten.
> Sprechen Sie über die mitgebrachten Zubehörteile.

Für die Aktivierung bitte mitbringen: Fahrrad-Prospekte mit unterschiedlichen Rädern, Blindbox (s. o.), Fahrradzubehör

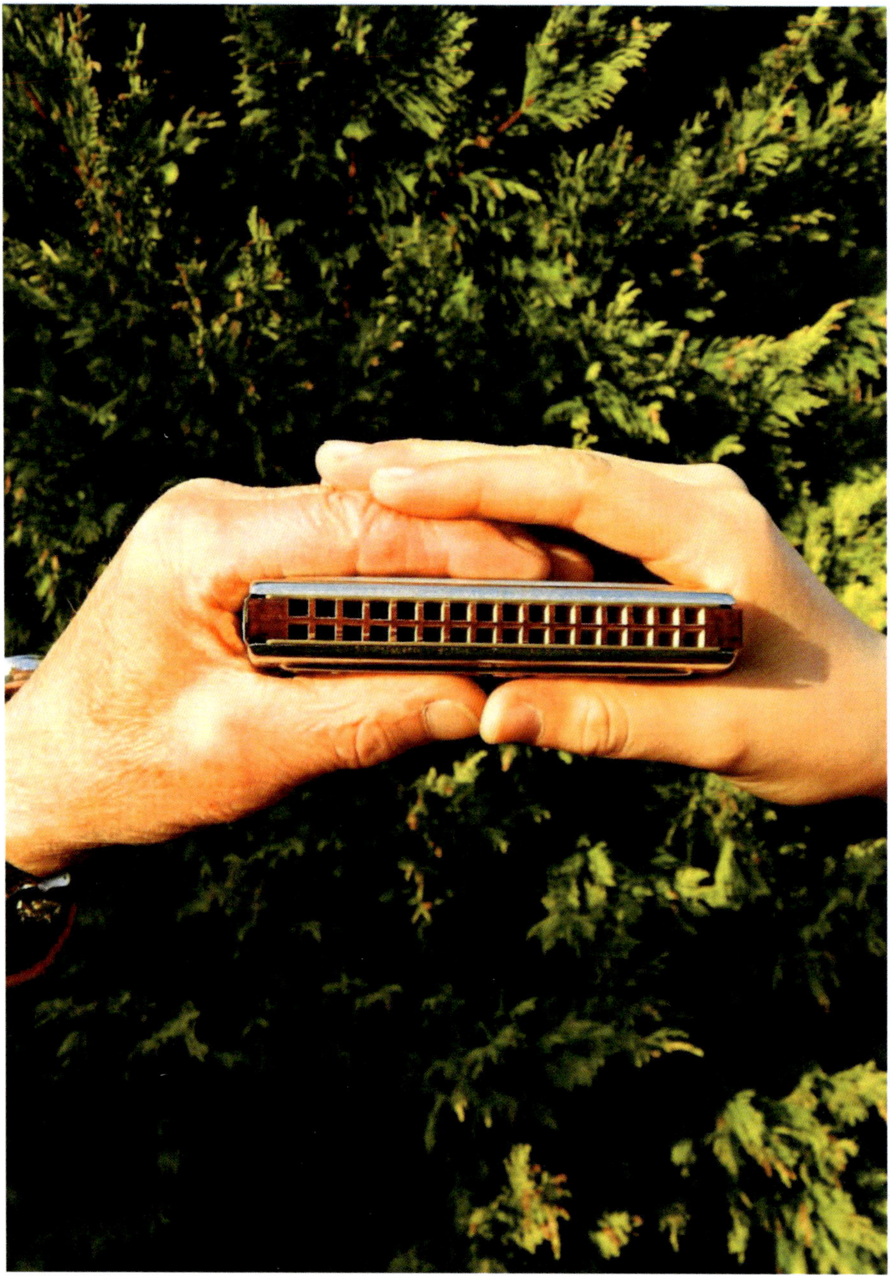

Musizieren

> Bist du gut im Musizieren,
> werden die Leute ... **applaudieren**.
> (Musik macht man mit ... **Instrumenten**.)

Gesprächsimpulse
> Welches Instrument sieht man auf dem Bild?
> Welches Instrument können Sie spielen?
> Wann haben Sie zum letzten Mal musiziert?
> Welches ist Ihr Lieblingsinstrument?
> Welche Musikrichtung hören Sie gerne (z. B. Jazz, Blues, Pop, Klassik, Volksmusik, Schlager etc.)?
> Welches Konzert haben Sie besucht oder im Fernsehen verfolgt?
> Wer ist Ihr Lieblingsmusiker / Ihre Lieblingsgruppe?

Ideen zur Aktivierung
> Betrachten Sie gemeinsam Prospekte von Instrumenten und Noten. Können diese benannt oder gelesen werden?
> Basteln Sie zusammen eigene Rhythmusinstrumente aus verschiedenen Behältern und mit verschiedenen Inhalten. Lassen Sie diese testen und vergleichen.
> Singen / musizieren Sie gemeinsam. Nutzen Sie dafür mitgebrachte oder selbstgebaute Instrumente.
> Klatschen Sie gemeinsam einen einfachen Rhythmus.

Für die Aktivierung bitte mitbringen: Prospekte von Instrumenten, Noten, Liederbuch, Musik- und Rhythmusinstrumente, Klebeband, Schere, Reis, Trockenerbsen, Behälter wie Pappschachtel o. ä.

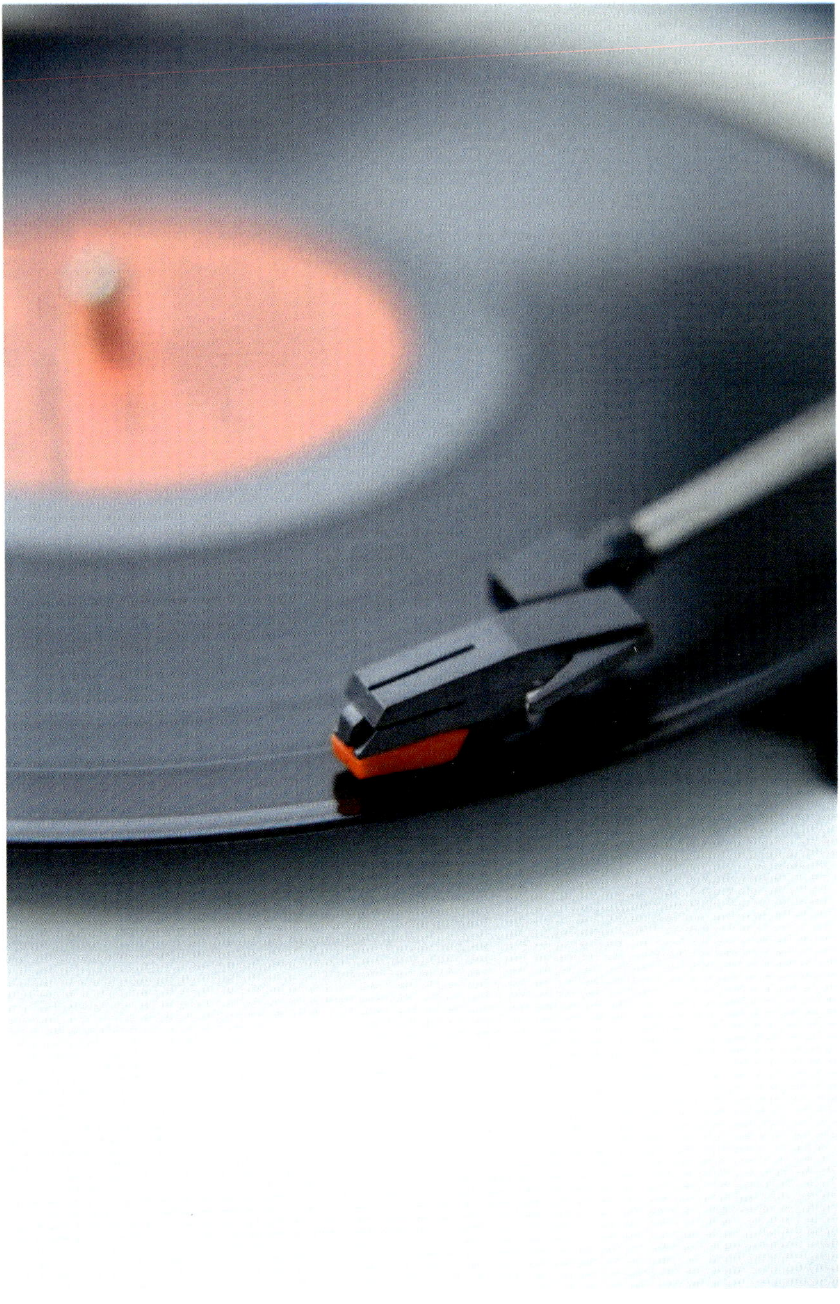

Schallplatten / Kassetten

> Willst du eine Platte auflegen,
> solltest du sie zuvor gut ... **pflegen.**
> (Schallplatten hört man mit einem ... **Plattenspieler.**)

Gesprächsimpulse
> Wie sah Ihr erster Plattenspieler aus?
> Welches waren Ihre Lieblingsschallplatten?
> Wo haben Sie Ihre Schallplatten gekauft?
> Welche Musik gefällt Ihnen?
> Zu welchen Schallplatten haben Sie getanzt?
> Bei welchen Liedern haben Sie mitgesungen?
> Wer war Ihr Idol?
> Welche Musiker / Bands haben Sie live gehört?
> Besitzen Sie noch einen Plattenspieler oder Kassettenrekorder?

Ideen zur Aktivierung
> Schauen und hören Sie sich zusammen Schallplatten an. Welche wecken Erinnerungen?
> Lassen Sie Musiker und Bands aufzählen.
> Reichen Sie auch CDs und Kassetten zum Vergleich herum. Hören Sie gemeinsam rein. Sprechen Sie über Vor- und Nachteile, z. B. über Bandsalat bei Kassetten.

Für die Aktivierung bitte mitbringen: Schallplatten, Plattenspieler, CDs und Kassetten mit Abspielgerät

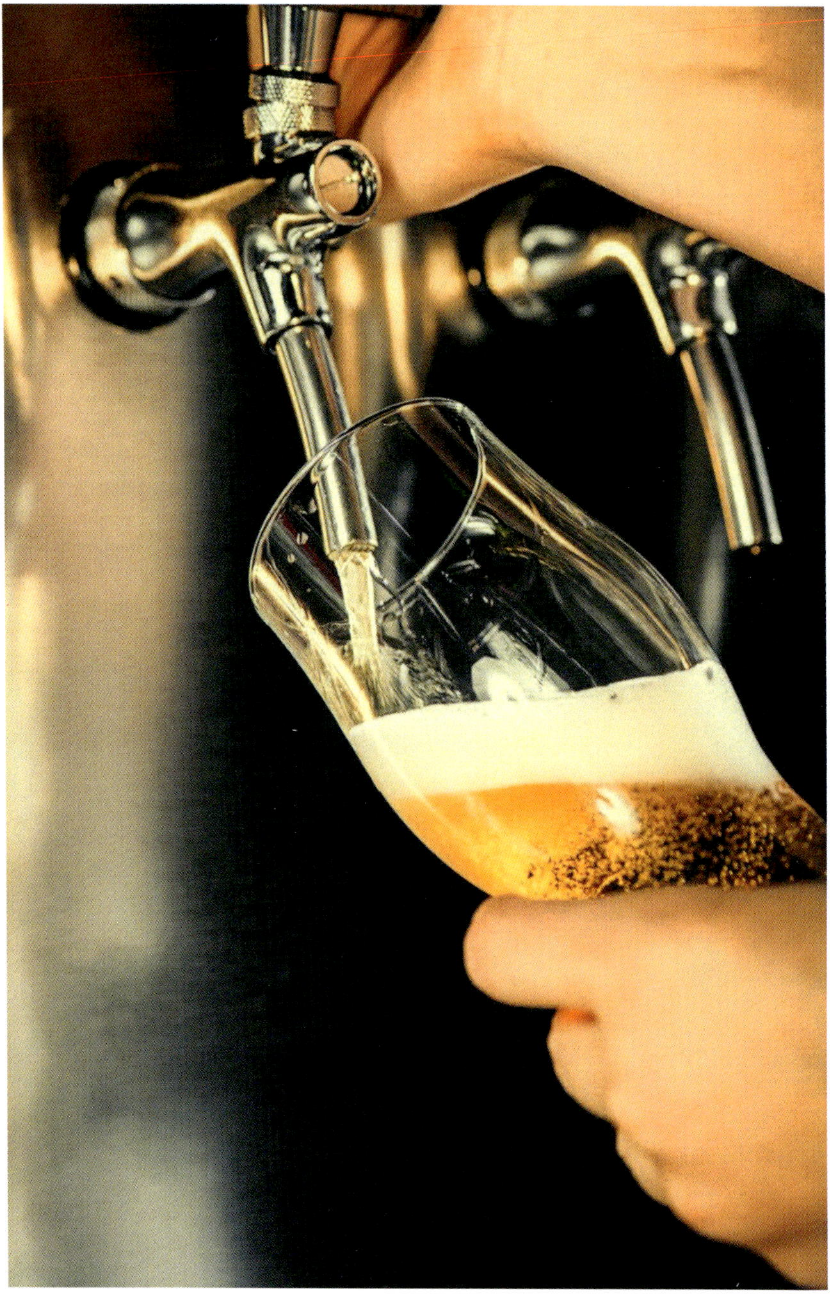

Bier

> Aus Wasser, Gerste und Hopfen
> entsteht so mancher ... **Tropfen**.
> (Um welches Getränk geht es? ... **Bier**)
> Stillt ein Glas Bier deinen Durst,
> passt dazu ein Brot mit ... **Wurst**.

Gesprächsimpulse
> Welches Bier trinken Sie am liebsten?
> Welche Biersorten kennen Sie (z. B. Hellbier)?
> Welche Biermarken kennen Sie?
> Welche Brauerei haben Sie schon besichtigt?
> Welche Biermischgetränke kennen Sie?
> Was halten Sie von alkoholfreiem Bier?
> Zu welchen Gerichten passt Bier,
  zu welchen Wein?

Ideen zur Aktivierung
> Lassen Sie einen Turm aus Bierdeckeln bauen.
  Helfen Sie ggf. dabei mit.
> Schauen Sie sich zusammen verschiedene Bierdeckel
  und Kronkorken an. Wie unterscheiden sie sich?
> Reichen Sie ein Glas Bier und Knabbergebäck in
  gemütlicher Runde. Lassen Sie vor dem Verzehr
  zunächst den Geruch und Geschmack beschreiben.

Für die Aktivierung bitte mitbringen: verschiedene Bierdeckel und
Kronkorken, Bier (ggf. alkoholfrei) und Knabbergebäck
(unbedingt Diätvorgaben beachten!)

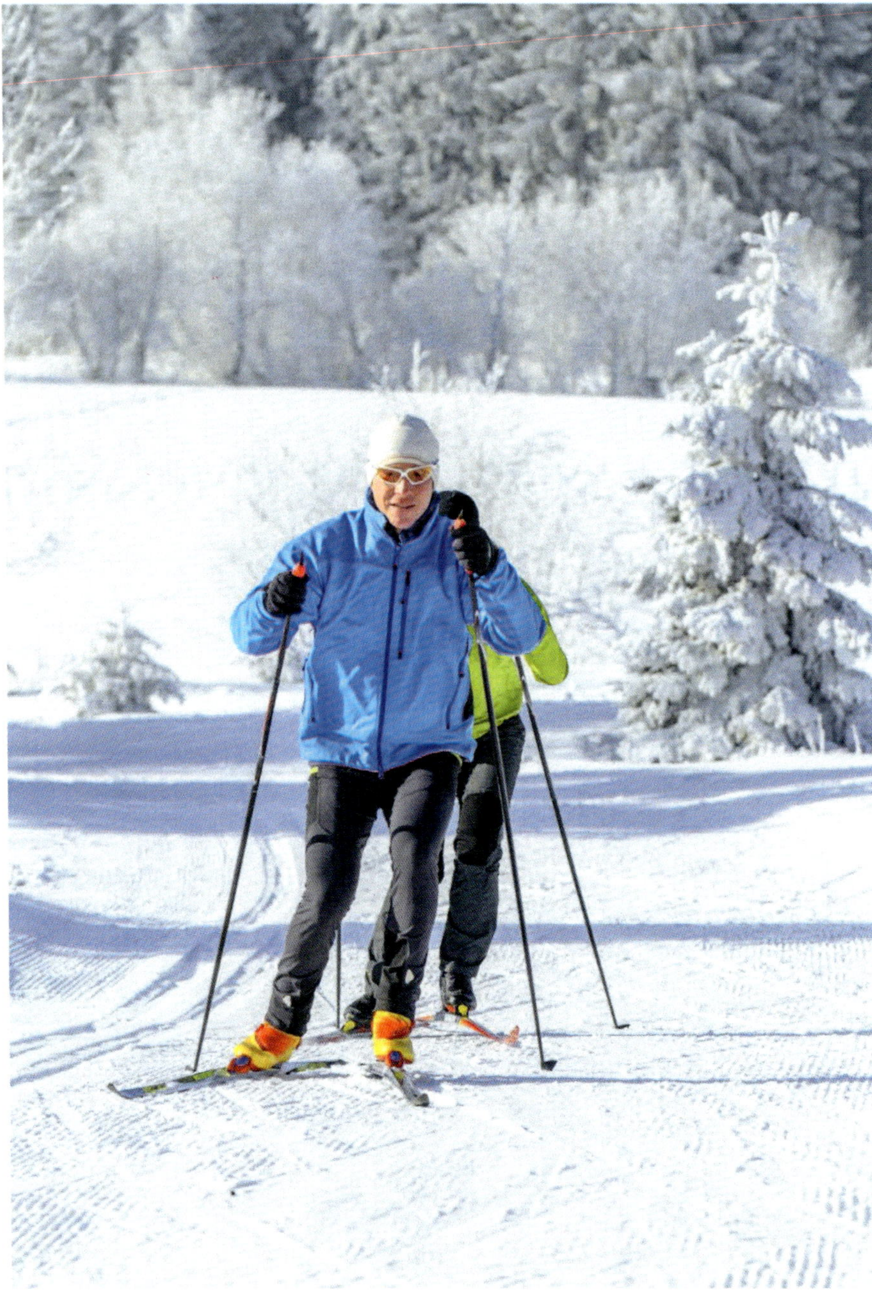

Wintersport

> Schlittschuhlaufen auf dem See
> oder lieber Rodeln im ... **Schnee**.
> (In welcher Jahreszeit kann man Skilaufen? ... **Winter**)

Gesprächsimpulse
> Welche Wintersportarten schauen Sie sich gerne im Fernsehen an?
> Welche Wintersportarten haben Sie selbst schon einmal ausprobiert?
> Welches Wintererlebnis ist Ihnen in Erinnerung geblieben?
> Wo sind Sie früher zum Rodeln hingegangen?
> In welchem Winter lag am meisten Schnee?
> Sind Sie schon einmal im Winterurlaub gewesen?

Ideen zur Aktivierung
> Lassen Sie Wintersportarten aufzählen.
> Schauen Sie sich zusammen ein Buch über Wintersportarten an. Können Sie benannt werden?
> Gießen Sie verschiedene Teesorten auf. Lassen Sie daran riechen und die Teesorte erraten. Genießen Sie dann zusammen einen heißen Tee.
> Lesen / Singen Sie gemeinsam einen Text / ein Lied zum Thema Winter.

Für die Aktivierung bitte mitbringen: ein Buch über Wintersportarten, heißes Wasser für Tee, verschiedene stark duftende Teebeutel, Teetassen, Wintergedicht, Winterlied

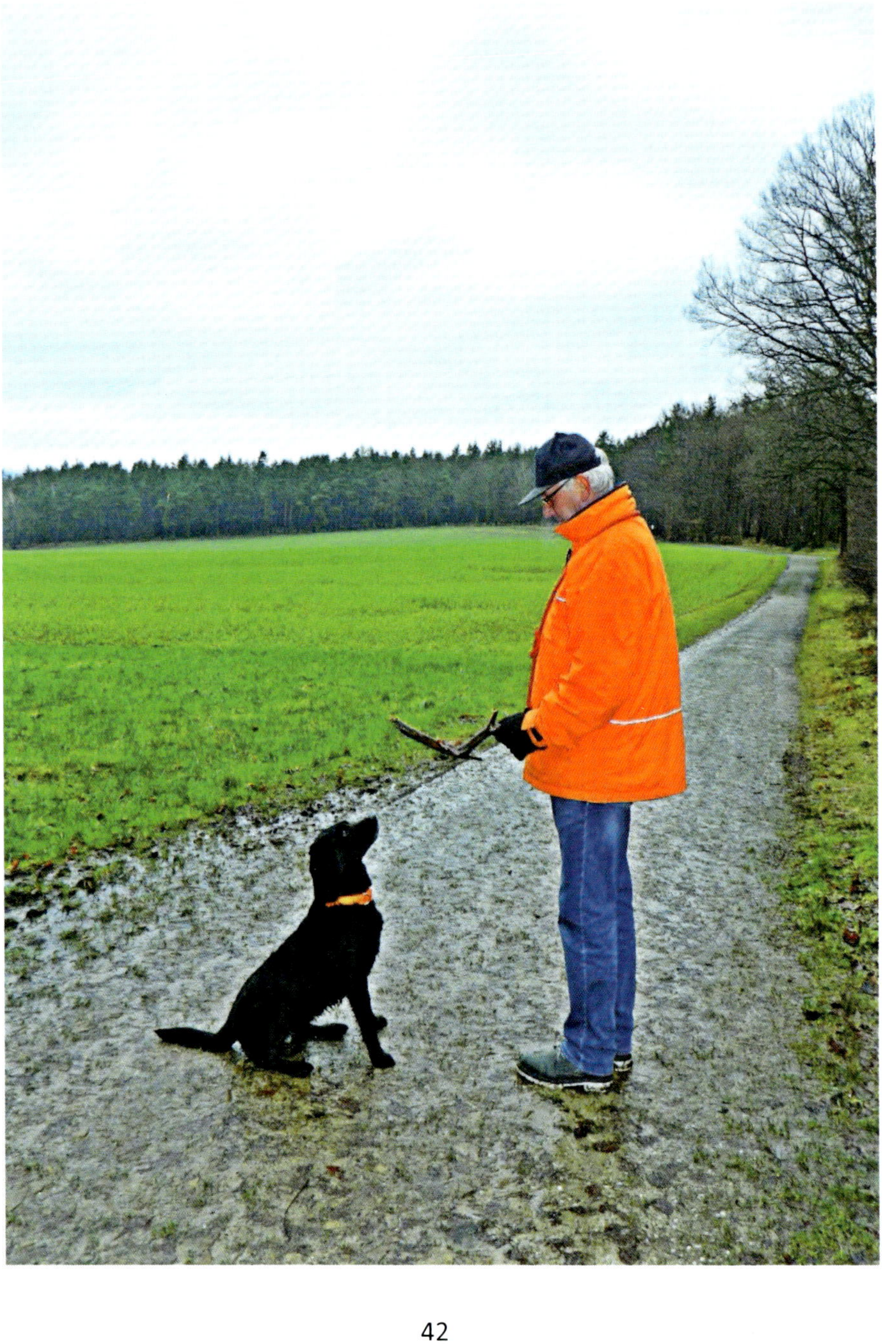

Spaziergang mit Hund

> Spaziert man durch Wald und Flur,
> hört und sieht man die ... **Natur**.
> (Gassi geht man mit dem ... **Hund**.)

Gesprächsimpulse
> Wo gehen Sie am liebsten spazieren?
> Hatten / Haben Sie einen Hund oder ein anderes Haustier? Erzählen Sie!
> Welche Pflanzen und Bäume sehen Sie bei einem Waldspaziergang?
> Welche Geräusche hören Sie bei einem Spaziergang?
> Bei welchem Wetter gehen Sie am liebsten spazieren?

Ideen zur Aktivierung
> Gehen Sie zusammen eine Runde spazieren. Achten Sie dabei auf Geräusche, Gerüche, Bäume und Pflanzen. Versuchen Sie, diese Dinge einmal bewusst wahrzunehmen. Lassen Sie sie benennen.
> Lassen Sie einen Regenschirm öffnen und schließen.
> Reiben Sie etwas Sonnencreme auf den Handrücken Ihres Gegenübers. Lassen Sie ihn daran riechen und den Duft beschreiben. Werden Erinnerungen geweckt?
> Lassen Sie die verschiedenen Gegenstände anfassen, ausprobieren und dem Wetter zuordnen (falls möglich).

Für die Aktivierung bitte mitbringen: Regenschirm, Regenhaube, Sonnencreme, Sonnenbrille, Handschuhe, Mütze, Hut, Schal, Stofftier, Hundeleine, Spielzeughund, der bellt / mit Kopf wackelt

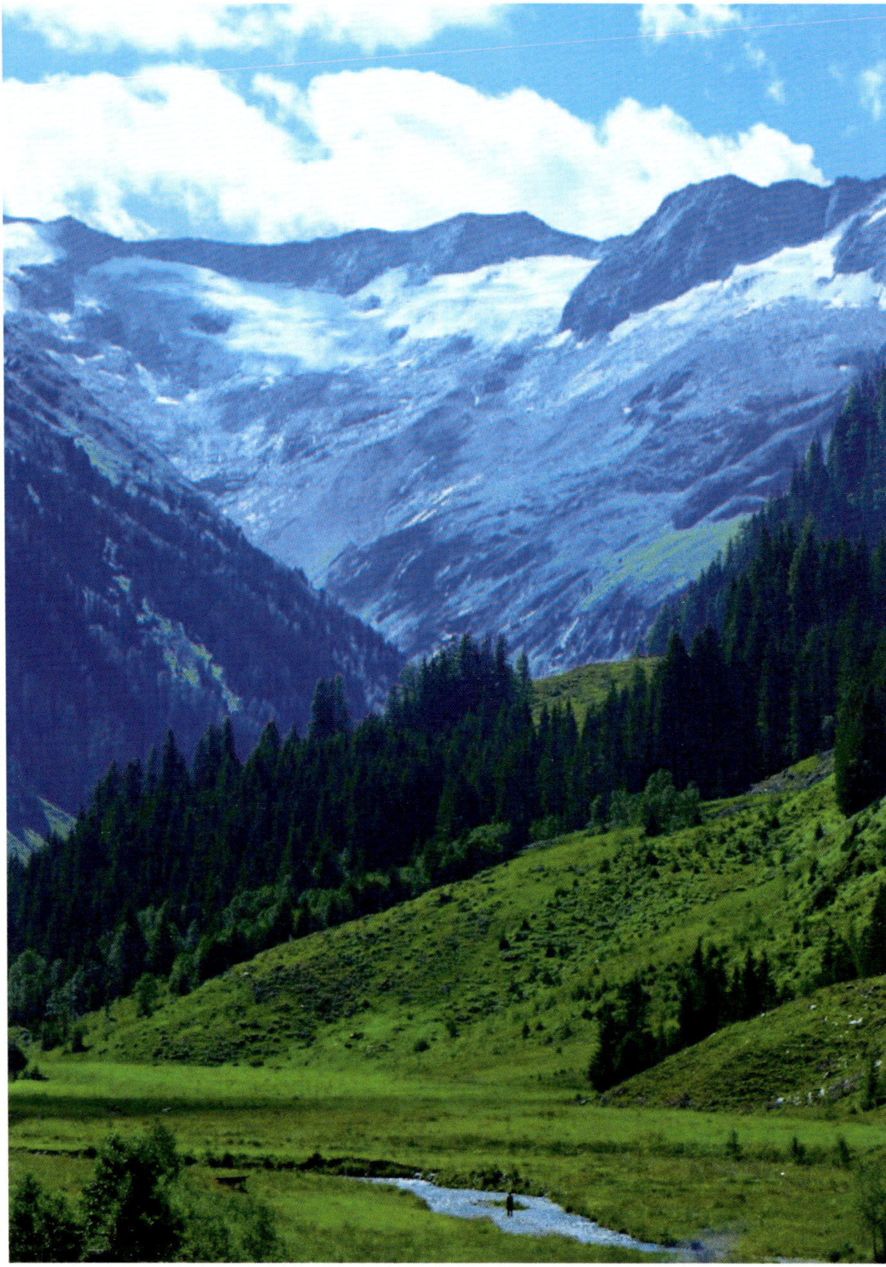

Berge erklimmen / wandern

Einige Spitzen sind schneebedeckt,
die Täler zwischen Bergen ... **versteckt.**
(Ein Spaziergang in den Bergen heißt ... **Wanderung.**)

Gesprächsimpulse
> Wie hoch war der höchste Berg, auf dem Sie je gestanden haben?
> Wo sind Sie schon gewandert oder geklettert?
> Welche Dinge benötigt ein Wanderer?
> Welche Wanderregion gefällt Ihnen am besten?
> In welchen Ländern gibt es Berge?

Ideen zur Aktivierung
> Sagen Sie abwechselnd: „Ich packe meinen Rucksack und nehme mit ..." z. B. meine Regenjacke. Der nächste wiederholt das Gesagte und ergänzt es jeweils um einen weiteren Gegenstand.
> Reichen Sie die mitgebrachten Gegenstände zum Anfassen, Ausprobieren, Benennen usw. herum.
> Schauen Sie sich gemeinsam Bilder von Bergen an.
> Singen Sie zusammen ein Wanderlied.
> Lassen Sie den Schnürsenkel in einen Wanderschuh einfädeln.

Für die Aktivierung bitte mitbringen: Wanderschuhe, Rucksack, Regenjacke, Wanderstöcke, Thermosflasche, Brotdose, Fernglas, Bilder von Bergpanoramen, z. B. Postkarten, Liedtext eines Wanderlieds

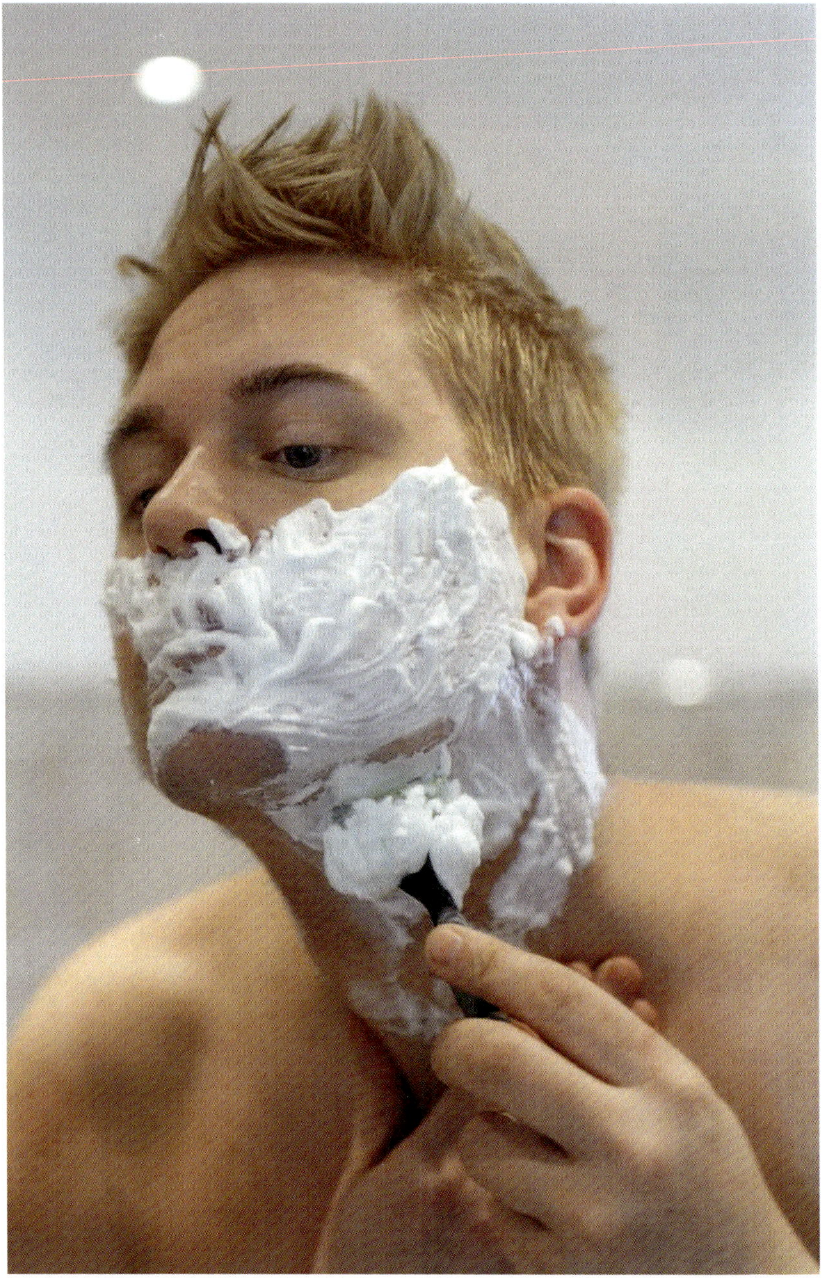

Gesichtsrasur / Bärte

> Wer sich nicht rasiert, sollte nicht klagen
> und lieber einen langen Bart ... **tragen.**
> (Ein Bart piekst beim ... **Küssen.**)

Gesprächsimpulse
> Welche Produkte verwenden Sie für die Gesichtsrasur?
> Welcher Rasierapparat gefällt Ihnen am besten?
> Bevorzugen Sie die Nass- oder Trockenrasur und warum?
> Wie vermeidet man Hautreizungen?
> Haben Sie schon einmal ein Rasiermesser benutzt?
> Welche Bärte gefallen Ihnen / haben Sie getragen?
> Mögen Frauen Bärte?
> Stört ein Bart beim Küssen?

Ideen zur Aktivierung
> Reichen Sie die verschiedenen Pflegeprodukte herum. Lassen Sie daran riechen und diese ggf. auch auf der Haut testen. Welches Produkt gefällt?
> Streichen Sie mit dem Rasierpinsel über die Hand und den Unterarm Ihres Gegenübers. Wie fühlt es sich an?
> Lassen Sie verschiedene Bärte zeichnen. Unterstützen Sie dabei mit eigenen Ideen. Welche Bärte waren schon einmal in Mode und welche gefallen?

Für die Aktivierung bitte mitbringen: Rasierschaum, Rasiergel, Aftershave, Rasierpinsel, Papier und Bleistift

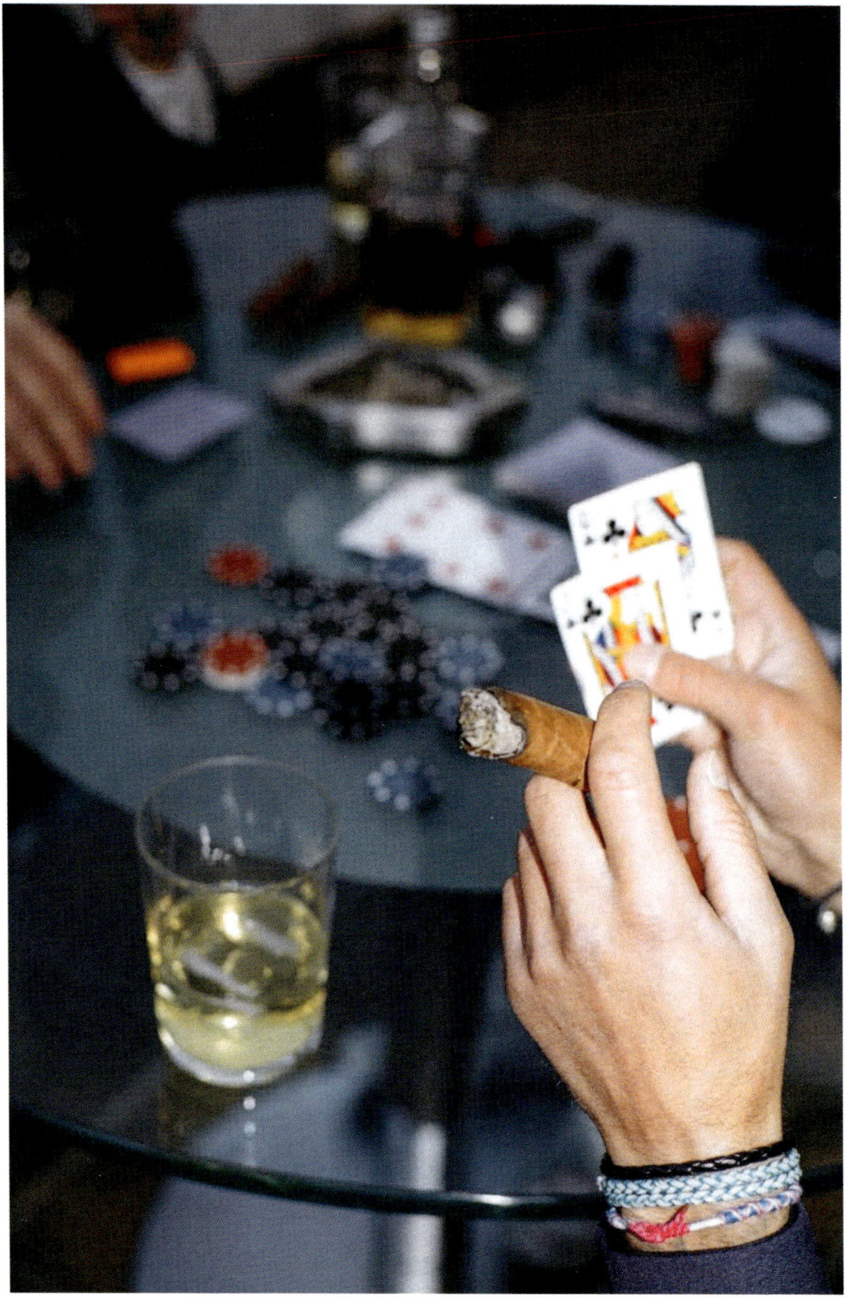

Karten spielen / Rauchen

Aufpassen und die Karten fest im Blick,
so gewinne ich mit etwas ... **Geschick**.
(Was ist gemeint? ... **Kartenspiel**)

Gesprächsimpulse
> Welches Kartenspiel wird hier gespielt?
> Wie spielt man Poker, Skat oder Doppelkopf?
> Welche Kartenspiele spielen Sie gerne?
> Erklären Sie die Spielregeln Ihres
Lieblingskartenspiels.
> Was halten Sie vom Rauchen?
> Wer hat bei Ihnen früher Zigarre geraucht?
> Mögen Sie Frauen, die rauchen?

Ideen zur Aktivierung
> Betrachten Sie zusammen verschiedene Kartenspiele.
Welche sind bekannt und werden gerne gespielt?
> Spielen Sie gemeinsam ein Kartenspiel in gemütlicher
Runde. Reichen Sie Getränke und Knabbergebäck dazu.
> Lassen Sie die Karten eines Skat- oder Doppelkopfspiels
(falls bekannt) benennen. Wie heißen die einzelnen
Spielkarten und wie viele Punkte zählen sie?
Wie viele Punkte werden für den Sieg benötigt?
Lassen Sie die Punkte addieren. Helfen Sie dabei ggf. mit.

*Für die Aktivierung bitte mitbringen: verschiedene Kartenspiele,
Getränke und Knabbergebäck (unbedingt Diätvorgaben beachten!),
Skat- und Doppelkopfspiel*

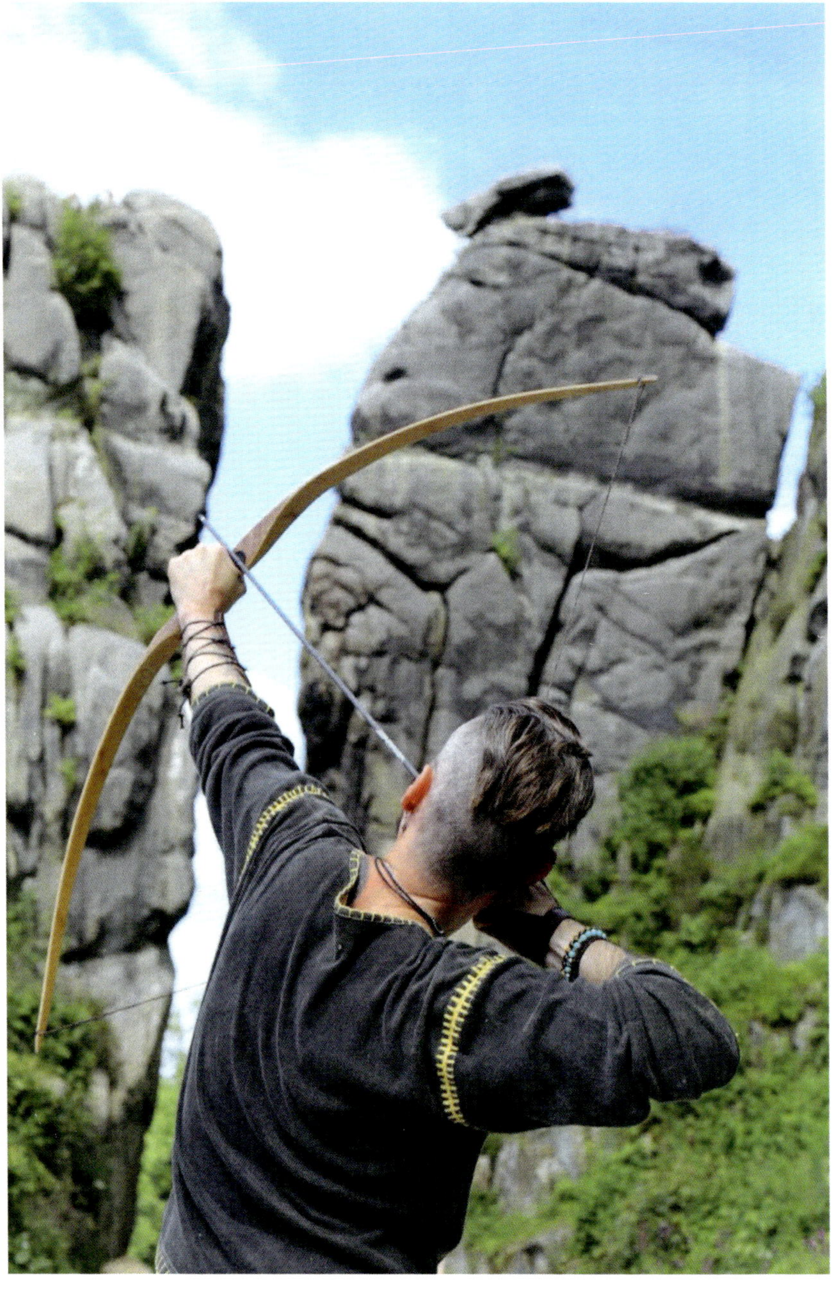

Bogenschießen / Wurfspiele

> Der Schütze schoss mit seinem Bogen,
> dass die Pfeile nur so ins Ziel ... **flogen.**
> (Eine Scheibe, auf die man schießt, ist eine ... **Zielscheibe.**)

Gesprächsimpulse
> Wann haben Sie zuletzt mit Pfeil und Bogen oder einer Schleuder geschossen?
> Worauf haben Sie gezielt?
> Wie trifft man das Ziel?
> In welchen Filmen wurde häufig mit Pfeil und Bogen geschossen?
> Haben Sie schon einmal auf Dosen geworfen?
> Wann waren Sie das letzte Mal auf einem Volksfest?

Ideen zur Aktivierung
> Lassen Sie ein Pfeil- und Bogenset (Pfeile mit Saugnapf oder Magnet) ansehen und ausprobieren.
> Lassen Sie sich erklären, wie man selbst ein Pfeil- und Bogenset oder eine Schleuder baut.
> Was würde dafür benötigt? Wie wird es gemacht?
> Spielen Sie gemeinsam verschiedene Wurfspiele (s. u.).

Für die Aktivierung bitte mitbringen: Pfeil- und Bogenset (nur Pfeile ohne Spitze, mit Saugnapf / Magnet!), Zielscheibe, Wurfspiele (z. B. Ringwurfspiel, Klettball, Dosen, ggf. Darts-Spiel)
> Nur Pfeile mit Plastikspitze verwenden! Bitte bei der Auswahl des Wurfspieles unbedingt Verletzungsrisiko ausschließen und vorher individuell prüfen! <

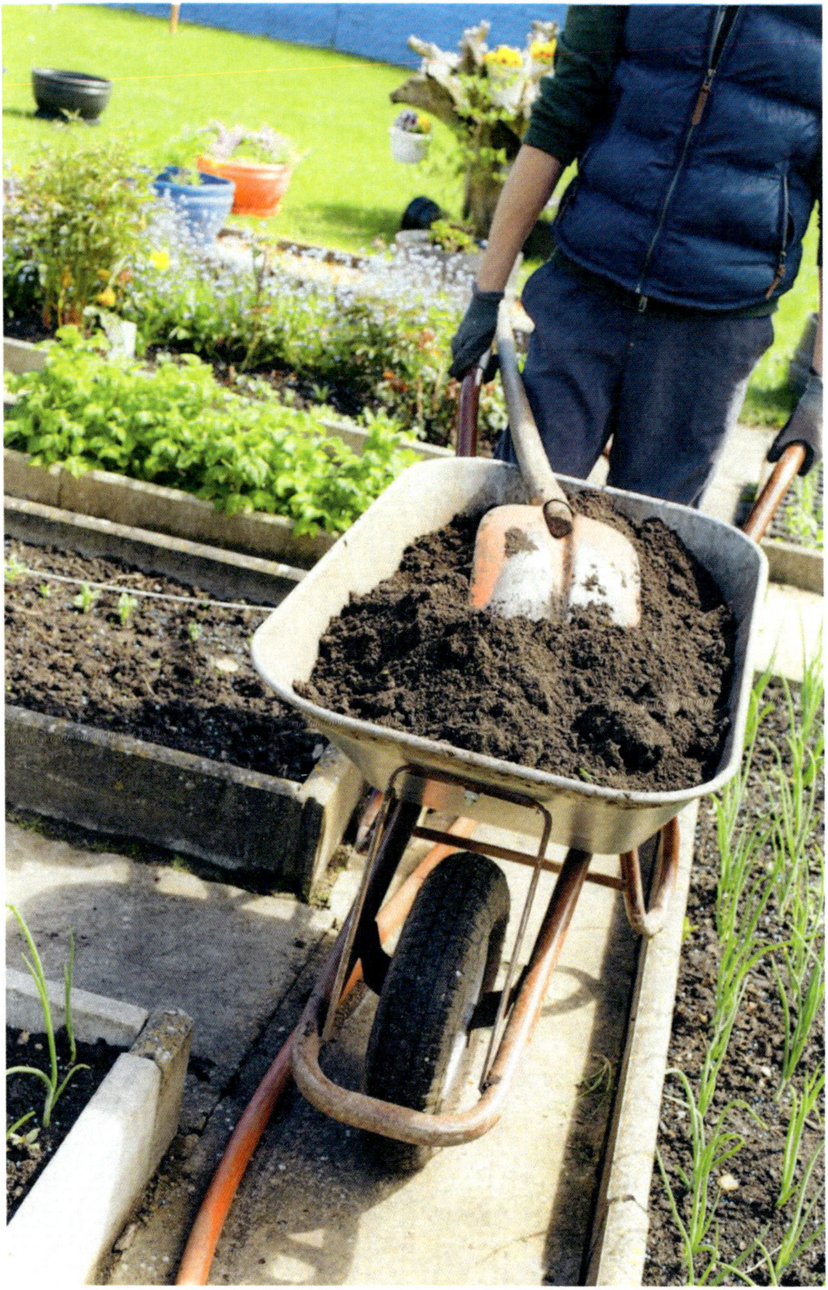

Gartenarbeit

> Ich zog das Unkraut, ganz entspannt,
> wobei ich meine Ruhe ... **fand.**
> (Es geht um die Arbeit im ... **Garten.**)

Gesprächsimpulse
> Wie sah Ihr Garten aus?
> Wie groß war Ihr Garten?
> Welches Gemüse haben Sie selbst angebaut?
> Welche Geräte benötigt man für die Gartenpflege?
> Welche Tätigkeiten im Garten werden vorrangig von Männern erledigt?
> Wer war bei Ihnen für die Gartenpflege zuständig?
> Welche Obstbäume hatten Sie?
> Wie gefallen Ihnen Gartenteiche?
> Welche Blumen standen / stehen in Ihrem Garten?

Ideen zur Aktivierung
> Schauen Sie sich gemeinsam Kataloge an. Was gefällt? Welche Pflanzen und Geräte können benannt werden?
> Lassen Sie verschiedene kleine Gartengeräte oder Zubehör mit geschlossenen Augen ertasten und erraten.
> Lassen Sie eine Garten-Skizze anfertigen. Es könnte z. B. der eigene Garten von früher sein.

Für die Aktivierung bitte mitbringen: Gartenkatalog, Pflanzenkatalog, verschiedene kleine Gartengeräte / Zubehör (unbedingt Verletzungsrisiko ausschließen!), Gartenhandschuhe, Papier und Bleistift

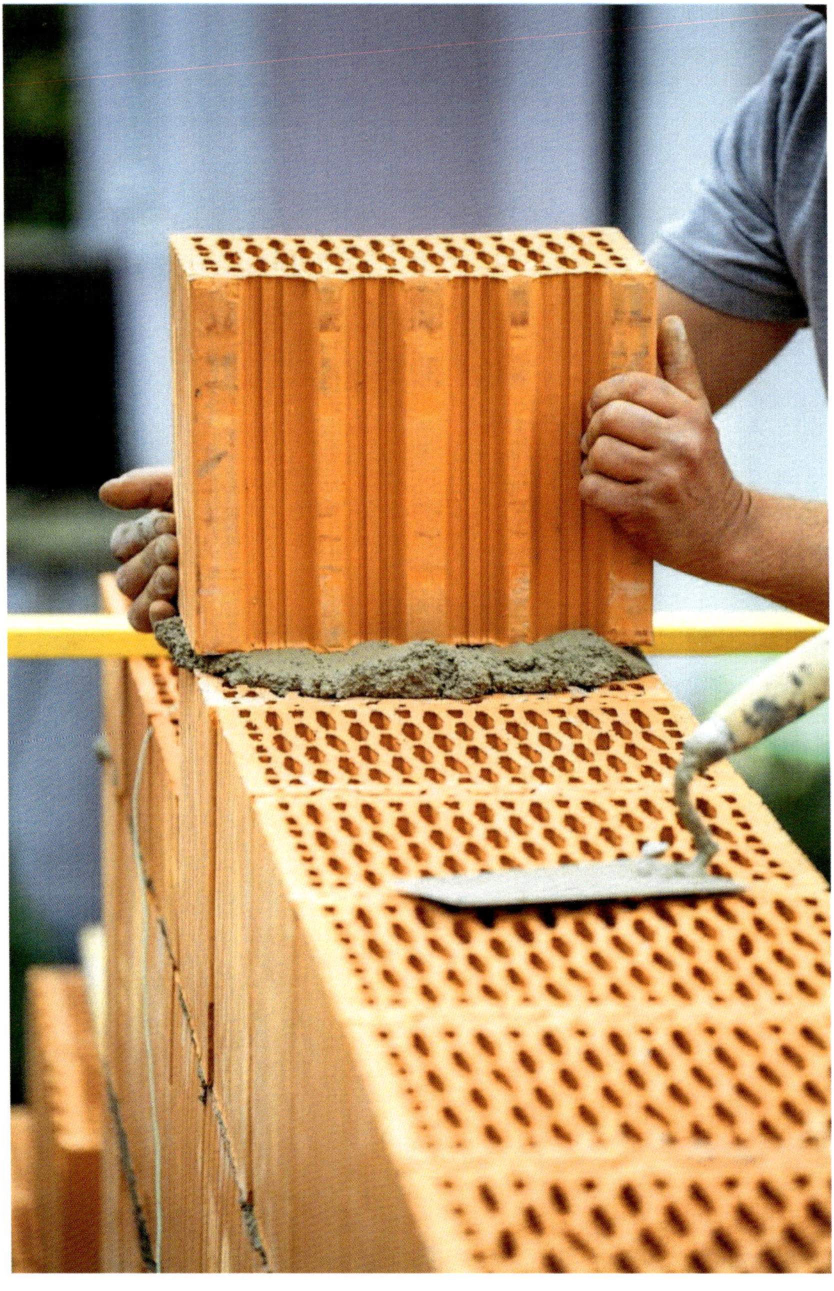

Hausbau

Zum Hausbau braucht man viele Steine.
Nasse Wäsche kommt auf die ... **Leine.**
(Auf dem Bau arbeitet der ... **Maurer.**)

Gesprächsimpulse
> Bei welchem Hausbau haben Sie mitgeholfen?
> Welche Steine haben Sie schon vermauert (z. B. Kalksandsteine)?
> Wie mauert man eigentlich eine Wand?
> Wie lange dauert der Hausbau?
> Welche Arbeiten am Bau würden Sie vergeben und was würden Sie selbst übernehmen?
> Wie würden Sie heute ein Haus bauen?
> Aus welchem Grund würden Sie ein Haus unterkellern?
> An welches Richtfest können Sie sich erinnern?
> Worin unterscheiden sich alte von neuen Häusern?

Ideen zur Aktivierung
> Schauen Sie sich gemeinsam Prospekte und Bilder von alten und neuen Häusern an. Wie hat man früher gebaut und was hat sich verändert?
> Lassen Sie ein Haus aus Plastik- oder aus Holzbausteinen bauen. Helfen Sie ggf. dabei.
> Lassen Sie ein Haus zeichnen, ggf. mit Garten.

Für die Aktivierung bitte mitbringen: Prospekte von Neubauten, Bilder von alten Häusern, Plastik-Bausteine, ggf. Bauplatte, Holzbausteine, Papier und Bleistift, Buntstifte

56

Briefmarken / Münzen sammeln

> Es gibt vieles, das ein Mann,
> über Jahre sammeln ... **kann**.
> (Man klebt es auf einen Brief. Eine ... **Briefmarke**)

Gesprächsimpulse
> Wie sah Ihre Briefmarkensammlung aus?
> Wie haben Sie die Briefmarken vom Brief gelöst?
> Worauf musste man achten?
> Welche Briefmarken fanden Sie am schönsten?
> Was haben Sie noch gesammelt (z. B. Münzen)?
> Mit wem haben Sie Briefmarken / Münzen getauscht?
> Welche Briefmarken / Münzen waren am wertvollsten?
> Kennen Sie jemanden mit einer Sammelleidenschaft?

Ideen zur Aktivierung
> Reichen Sie Briefumschläge und Postkarten mit Briefmarken darauf herum. Betrachten Sie gemeinsam die Marken und sprechen Sie darüber. Was ist abgebildet?
> Lassen Sie Postkarten vorlesen, falls diese nicht zu privat sind. Von wo wurden sie verschickt? Ist der Ort bekannt?
> Betrachten Sie zusammen einen Briefmarkenkatalog.
> Schauen Sie sich gemeinsam verschiedene Münzen an. Aus welchem Land kommen die Münzen / Briefmarken?
> Finden Sie gemeinsam die Länder auf der Karte.

Für die Aktivierung bitte mitbringen: Briefumschläge und Postkarten, auf denen sich Briefmarken befinden, Briefmarkenkatalog, Münzen, Atlas oder Karte der Länder der Erde

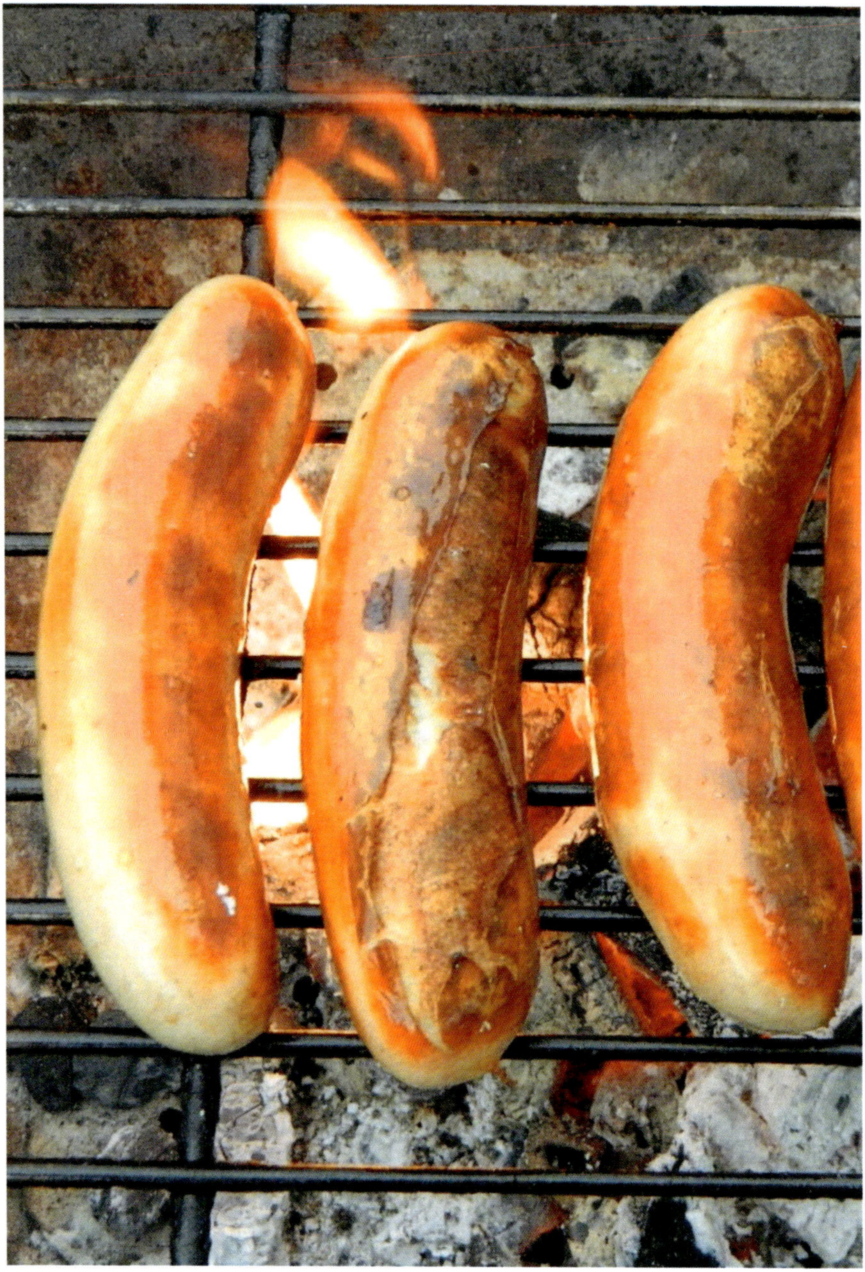

Grillen

> Die Frau macht den Salat mit Dill.
> Der Mann dreht die Würstchen auf dem ... **Grill**.
> (Zum Grillen nimmt man Briketts oder ... **Kohle**.)

Gesprächsimpulse
> Wann haben Sie zum letzten Mal gegrillt?
> Wie bekommt die Kohle die richtige Glut?
> Was essen Sie am liebsten vom Grill?
> Wer hat bei Ihnen früher zu Hause den Grill vorbereitet?
> Welche Aufgabenteilung gab es beim Grillen?
> Bevorzugen Sie einen Kohle- oder Elektrogrill? Begründen Sie Ihre Antwort.
> Warum sind die Männer häufig für das Grillen zuständig?

Ideen zur Aktivierung
> Überraschen Sie mit einem kleinen Grillevent! Bauen Sie dazu vorab draußen einen Elektrogrill auf. Grillen Sie gemeinsam Bratwürstchen o. ä.
> Laden Sie ggf. noch Gäste zum Grillen ein.
> Decken Sie gemeinsam den Tisch. Liegt alles am richtigen Platz?

Für die Aktivierung bitte mitbringen: Elektrogrill bei gutem Wetter (bitte die Möglichkeiten in der Einrichtung abklären, Grill nicht unbeaufsichtigt lassen), Bratwürstchen, Brötchen, Senf, Ketchup, ggf. Salat und Getränke (unbedingt Diätvorgaben beachten!), Teller, Servietten, Besteck, Grillschürze, Grillbesteck

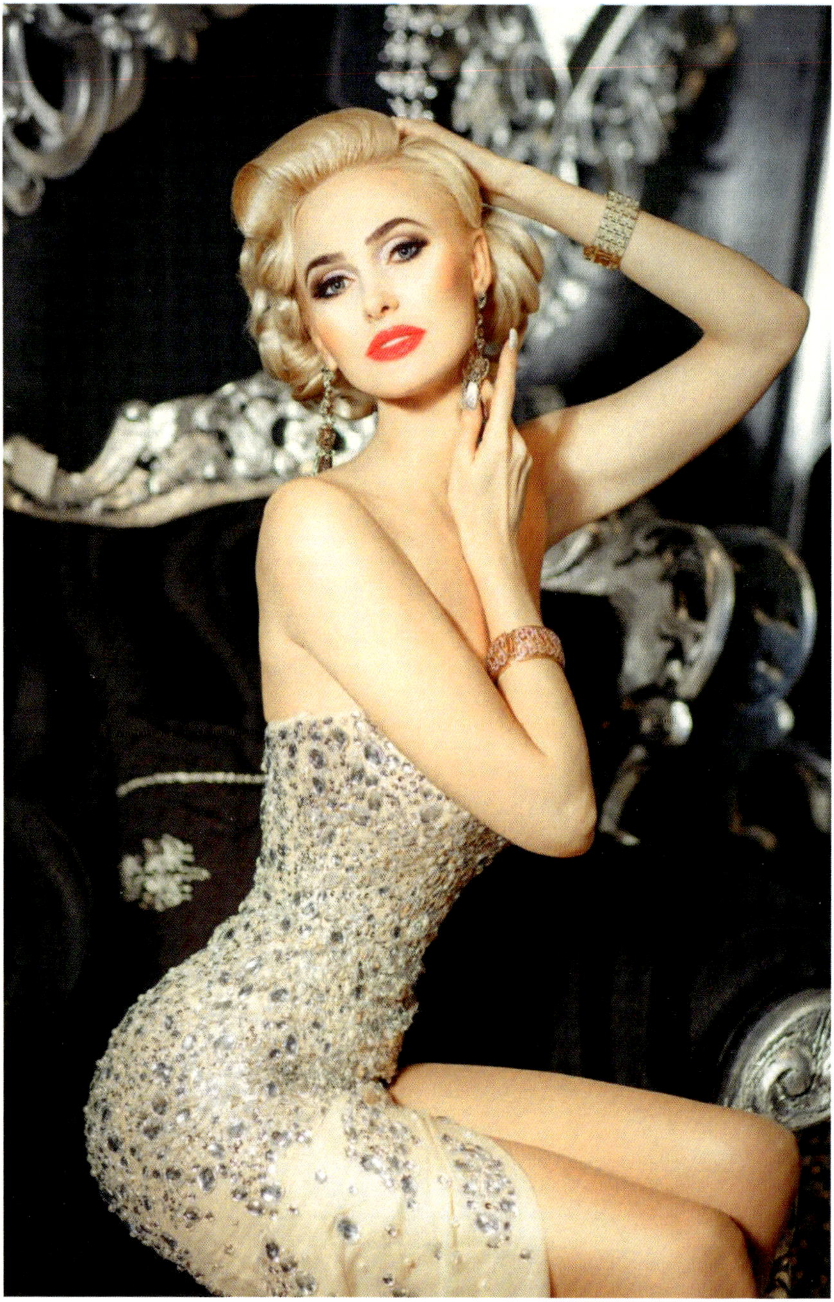

Traumfrau

> „Wie sollte die Traumfrau sein?"
> „Wunderschön und doch nur ... **mein.**"

Gesprächsimpulse
> Wie sieht oder sah Ihre Traumfrau aus?
> Welche Haarfarbe gefällt Ihnen bei Frauen am besten?
> Welche Frisur trägt Ihre Traumfrau?
> Welche Figur müsste sie haben?
> Welche Kleidung sollte sie tragen?
> Welchen Charakter müsste sie haben?
> Sollte Ihre Traumfrau auch kochen können?

Ideen zur Aktivierung
> Lassen Sie berühmte Frauen aufzählen.
Welche Idole gab es?
> Zeigen Sie Bilder berühmter Frauen.
Können sie benannt werden? Was machte sie aus?
> Lesen Sie den Werdegang einer berühmten Frau vor.
Sprechen Sie darüber, was zum Erfolg führte.
> Spielen Sie einen bekannten Musiktitel einer Sängerin vor. Wie heißt die Sängerin?
> Spielen Sie ein Quiz. Nennen Sie einen Buchstaben. Lassen Sie dazu passend einen weiblichen Vornamen nennen.

Für die Aktivierung bitte mitbringen: Bilder berühmter Frauen, Werdegang einer berühmten Frau, Musiktitel (Hörversion) einer bekannten Sängerin

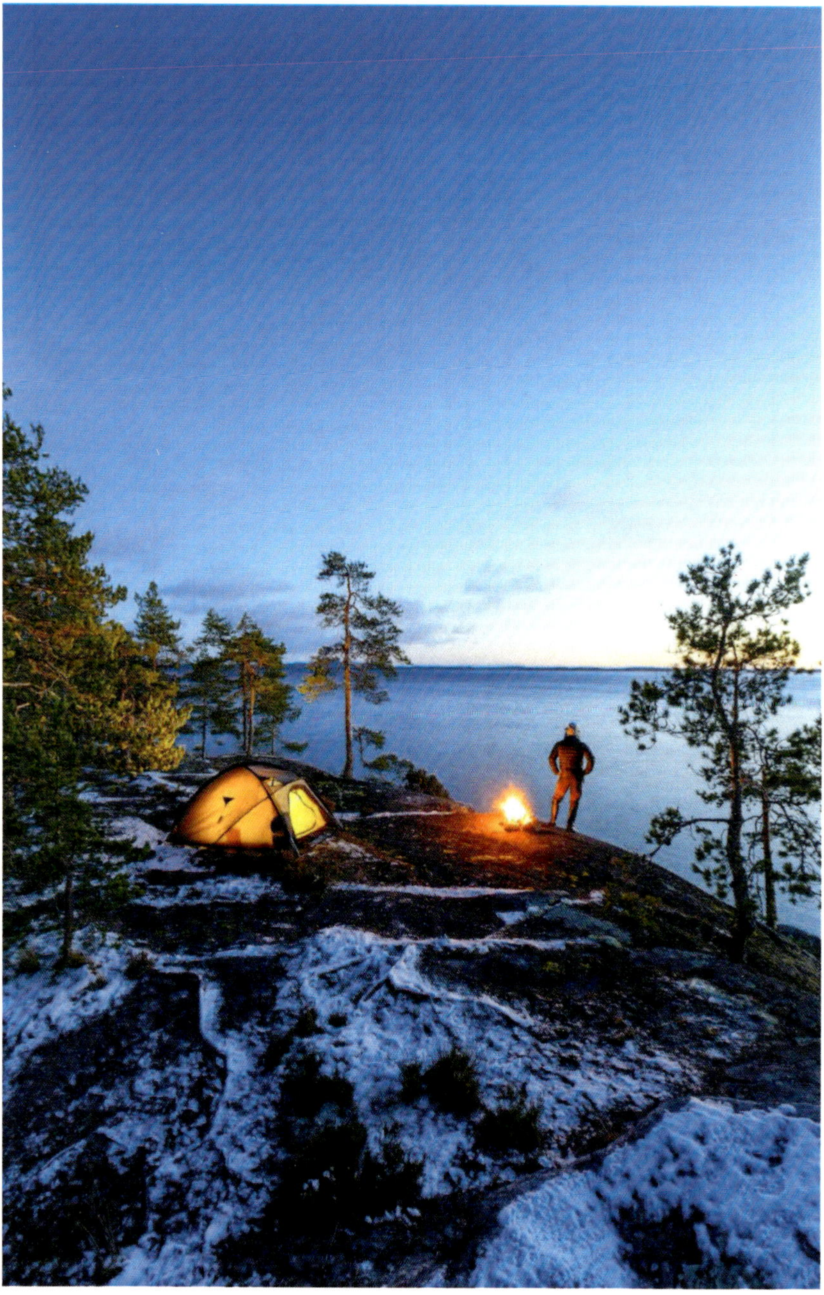

Camping / Zelt / Wohnwagen

> Schlafen unterm Himmelszelt,
> schau, wie schön ist diese ... **Welt!**
> (Auf einer Luftmatratze schläft man im ... **Zelt.**)

Gesprächsimpulse
> Wann haben Sie zum letzten Mal gezeltet?
> Wer hat bei Ihnen früher das Zelt aufgebaut?
> Haben Sie Zelt oder Wohnwagen bevorzugt?
> Wo haben Sie gezeltet oder mit dem Wohnwagen Urlaub gemacht?
> Welche Aufgabenteilung gab es beim Camping?
> Wie sah Ihr erstes Zelt / Ihr erster Wohnwagen aus?
> Haben Sie schon einmal richtig schlechtes Wetter beim Camping erlebt?

Ideen zur Aktivierung
> Lassen Sie aufzählen und ansehen, welche Dinge man zum Zelten oder für den Wohnwagenurlaub benötigt.
> Veranstalten Sie ein kleines Picknick, indem Sie gemeinsam den Tisch schön decken und die mitgebrachten Lebensmittel zusammen verzehren.
> Spülen Sie anschließend gemeinsam das Plastikgeschirr wieder ab. Wer spült? Wer trocknet ab?

Für die Aktivierung bitte mitbringen: Campingzubehör wie Tischdecke, Plastikteller, Plastikbesteck, Plastikbecher, Blasebalg, Spülschüssel, Spülbürste, Geschirrtuch, Spülmittel, Lebensmittel zum Verzehr (unbedingt Diätvorgaben beachten!)

Ebenfalls von Anja Stroot erschienen:

1. *Die Münsterland-Detektive / Der schwarze Schatten (1)*
2. *Die Münsterland-Detektive / Die verflixte Wiese (2)*
3. *Die Münsterland-Detektive / Gefahr am Baumhaus (3)*
4. *Die Münsterland-Detektive / Auf dem Eis (4)*
5. *Kinder(reim)geschichten*
Mit liebevoll gestalteten Bildern
6. *Arbeitsheft Kinder(reim)geschichten*
Kopiervorlage
7. *Neue Kinder(reim)geschichten*
Mit liebevoll gestalteten Bildern
8. *Interaktive Kinder(reim)geschichten*
Didaktisches Themenpaket Grundschule
9. *Interaktive Kinder(reim)geschichten II*
Didaktisches Themenpaket Grundschule
10. *Thema Sport im Deutschunterricht*
2.-3. Klasse (Inklusion)
11. *Ausmalbilder mit und ohne Anleitung*
1.-2. Klasse (Inklusion)
12. *Arbeitsblätter Tierspuren (Inklusion)*
13. *Leselust für 50 plus!*
Heitere Kurzgeschichten für schöne Stunden
14. *Alltägliches*
5-Minuten-Vorlesegeschichten für Menschen mit Demenz
15. *Alltagsmenschen laden ein*
30 Bildkarten zum Erinnern und Sprechen für die Demenzbetreuung

---

Weitere Informationen siehe Website
www.anjastroot.jimdo.com